"È inutile scherzare con un uomo invincibile".

"È inutile scherzare con un uomo invincibile".

l´Uomo Invincible

John Danen

Published by John Danen, 2024.

L´UOMO INVINCIBLE

First edition. June 9, 2024.

Copyright © 2024 John Danen.

ISBN: 979-8227768797

Written by John Danen.

Sommario

Introduzione.

Ho scritto questo libro per aiutare gli uomini e anche le donne. Per farvi capire i pericoli dell'essere una persona romantica, debole e bisognosa. Qualcuno che dà la priorità all'amore sopra ogni altra cosa. Invece è meglio diventare un uomo invincibile.

Questo sarà un libro che potrebbe causarvi molto dolore, è brutalmente duro. Se siete sensibili, vi chiedo di non leggerlo, altrimenti potreste rimanere traumatizzati da ciò che contiene.

Ma se avete il coraggio di voler conoscere la verità, questo è il libro che fa per voi.

L'amore mal indirizzato **può uccidere**. Certo, è molto bello e, se fossimo tutti buoni, dovrebbe essere quello che dovremmo cercare, un amore prezioso. Ma questo concetto che alcuni hanno idealizzato dell'amore nella loro testa, li porta a commettere ogni tipo di barbarie contro di loro, li fa soffrire un vero inferno. L'amore uccide uomini e donne. Ecco perché sto scrivendo questo libro, per farvi capire quanto male vi può accadere se siete ingenui, se credete che l'amore sia più grande di qualsiasi altra cosa e lo cercate al di sopra del vostro benessere personale.

Con l'amore mal indirizzato, tutti soffrono. Scriverò questo libro dal punto di vista di un uomo, raccontando tutte le disgrazie che possono capitare a te, uomo, ma potrei anche scriverne un altro dal punto di vista di una donna, raccontando di come gli uomini sono cattivi e fanno loro una vita di merda. Mi dispiace, non farò questa seconda visione, non perché non la consideri giusta, che è giusta e anche loro soffrono molto, ma semplicemente perché non sono dall'altra parte e non conosco a fondo le loro sofferenze.

Quindi chiedo a qualcun altro di scrivere l'altra parte in cui le donne soffrono per amore. Mi basta questa parte che conosco per far inorridire tutti ed evitare che uomini e donne soffrano. Voglio che entrambi stiano molto attenti quando si mettono insieme in una relazione seria. Se tutti valutiamo noi stessi al di sopra di questo amore idilliaco, molti problemi saranno evitati.

Non è il machismo o il femminismo che difendo, ma l'avere una testa e non cadere in amori maledetti che rovinano la vita di un numero enorme di persone.

Questo è un libro per la vostra difesa personale, affinché sappiate cosa fanno le donne e gli uomini in amore, come spesso ci usano e ci manipolano. Non è un libro d'amore, è un libro che racconta in modo realistico come sono le relazioni personali tra uomini e donne nel mondo di oggi. Avrei potuto chiamarlo "Amore tossico", ma lo chiamerò **"L'uomo invincibile"** perché è più positivo e responsabilizzante.

Gli amori non sono tossici, sono maledetti perché quello che chiamano amore spesso si trasforma in qualcosa di orrendo, che distrugge le persone per sempre.

L'uomo, a causa della sua debolezza e della sua naturale bontà, cade spesso in questi amori maledetti e viene terribilmente punito. Anche a causa della sua eccessiva aggressività e del suo autocontrollo, commette atti terribili.

Spero che con questo libro diventerete un uomo invincibile che non cade in amori maledetti, né soffre, né piange. Un uomo al di sopra del bene e del male, che ha attraversato tutto e, infine, è risorto, invincibile!

Da dove viene l'amore maledetto?

L'amore maledetto nasce dalla debolezza, dalla convinzione che l'amore sia la cosa più importante, per la quale si deve soffrire e lottare, anche al di sopra del proprio benessere personale. L'amore maledetto nasce dall'essere emotivamente dipendenti, morbidi e sensibili, lottando per questo amore al di là di quanto sia consigliabile. Bisogna sapersi fermare, bisogna saper valorizzare se stessi e dire di no all'altra persona, bisogna saper abbandonare le relazioni che non portano nulla, o se lo fanno, portano sofferenza e infelicità.

Spesso incolpiamo le donne dei nostri mali, come se fossero malvagie e ci facessero del male, ma non è così, siamo noi che, essendo morbidi, diamo loro un potere totale sui nostri sentimenti. Questo accade a volte per la nostra gentilezza, altre volte per l'innocenza, altre ancora per la nostra evidente debolezza e dipendenza.

A causa della nostra concezione di amore idilliaco, le donne possono sembrarci cattive, e sì, è vero, possono essere molto cattive, ma il più delle volte non sono né buone né cattive. Si adattano a ciò che siete, se siete morbidi saranno molto duri, se siete duri saranno morbidi. Si adattano al complemento.

In generale non amano l'uomo morbido, sensibile e romantico, ma l'uomo che si fa rispettare, che pone dei limiti, che è duro, che è l'uomo più ambito.

Un uomo che piange viene rifiutato da qualsiasi donna, perché questo è vietato agli uomini, che pur soffrendo molto, molto, non possono farlo. Possono piangere per qualsiasi cosa. Se un uomo piange davanti a una donna, lei praticamente lo respinge, perché deve essere duro qualunque cosa gli accada perché è un uomo.

Dobbiamo fare la nostra parte per far sì che tutto vada bene e, per lo meno, cercare di essere qualcuno che si rispetti e che non cada in relazioni tossiche in cui abbiamo tutto da perdere.

Non si può vincere in amore, solo se si trova una relazione perfetta si sarà più o meno felici, ma si soffrirà anche di molti problemi. Al massimo ci sono quelli che si fanno rispettare, che trovano un ottimo partner, e che a loro volta sono bravi, e quei pochi riescono a trovare una corrispondenza. La stragrande maggioranza perde in amore, a volte perdono sia gli uomini che le donne, ma è raro, nel 99,99999% dei casi sono gli uomini a perdere, perché siamo noi i deboli in amore.

La norma è 18-0

Spero che con questo libro riuscirete a pareggiare il gioco, vincere è molto difficile e praticamente nessuno nella storia dell'umanità è riuscito a farlo.

Casanova e altri 10 ci sono riusciti. Per vincere, bisogna godere piuttosto che soffrire; non appena si attribuisce importanza a uno di essi, questo vi indebolirà e vi causerà terribili sofferenze, che non dimenticherete nemmeno se ne raccoglierete altri cento.

Solo l'uomo invincibile riesce a fare ciò che nessun altro riesce a fare e a vincere con un margine sottilissimo poche volte in un secolo. Solo 1 su 10 milioni di estrazioni.

L'illusione dell'amore.

A causa dell'illusione d'amore che si insinua nella nostra testa, perdiamo anni e persino intere vite dedicate alla ricerca di un amore che è difficile da raggiungere, o che in realtà non esiste. Come disse Manson "non sono schiavo di un Dio che non esiste", ed è vero, Cupido non esiste, non c'è un Dio dell'amore da adorare. Quando le persone si rendono conto che l'amore non esiste, o almeno che è molto difficile da trovare, soffrono terribilmente.

Alcuni diventano violenti proprio contro la persona oggetto del loro amore, perché la frustrazione di non ricevere questo amore, o di non essere ricambiati come vorrebbero, li porta a commettere ogni tipo di azione selvaggia, che distrugge la loro vita e quella degli altri.

Dall'amore si può passare all'odio e dall'odio al dolore, e allora non si può risolvere nulla, perché sono state fatte cose così spregevoli che non c'è consolazione.

Se le persone non avessero una dipendenza emotiva così forte, se non cercassero l'amore a tutti i costi facendo qualsiasi cosa e, non appena si accorgono di non essere ricambiati come dovrebbero, interrompessero le loro relazioni, tutto sarebbe molto meglio.

Ma dalla scarsità nasce la paura e dalla paura nasce il dolore. Chi è un uomo formale è un uomo pericoloso, perché spesso è ossessionato dal suo partner e non vede al di là di quella relazione.

Tuttavia, il seduttore va in giro accettando che molti non lo trattino bene, accettando che molti lo disprezzino, sapendo che non sarà praticamente mai ricambiato e non dando importanza a nulla. Il seduttore è duro, molto duro, ecco perché, perché il seduttore è duro, cerca il proprio divertimento, di divertirsi, e non ha intenzione di ferire nessuno.

Ma attenzione: l'uomo formale, l'uomo morbido che si dedica a una sola donna ed è ossessionato da quella relazione, può essere pericoloso.

Non dico che tutti debbano essere seduttivi, ma almeno dovrebbero rispettare se stessi e avere le palle di rompere la relazione in cui si trovano se non li rende felici.

Ci può sempre essere un'altra ragazza che vi darà una vita migliore di quella con cui state, che non vi soddisfa. Lasciatela e andate per la vostra strada, questo libro è valido anche per evitare crimini violenti di stampo maschilista che fanno inorridire la società.

Quindi, anche se racconterò un sacco di storie selvagge, quello che spero con tutto questo è di sensibilizzare le persone a fare del bene, e bene spesso significa, rompere le relazioni e rispettare se stessi, cominciamo!

La durezza di nascere uomo.

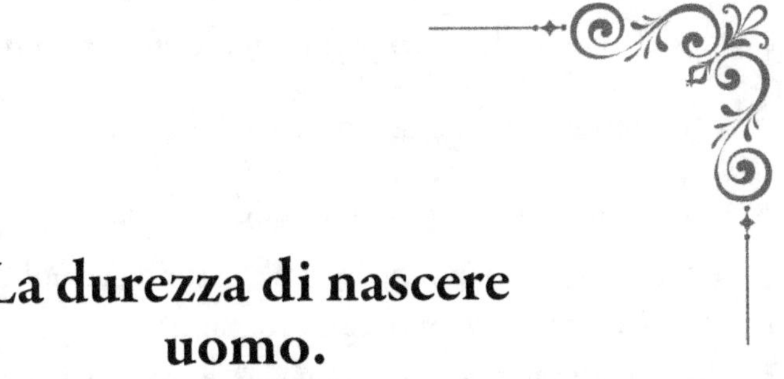

Se avete avuto la sfortuna di nascere uomini come me, ho una notizia terribile per voi: essere uomini è pericoloso, pericoloso, no, molto pericoloso. Gli uomini hanno molto più testosterone che ci spinge alla violenza, inoltre corriamo infiniti rischi. Molti di questi rischi li corriamo per inseguire una donna, o per combattere per amore, o per difendere qualcuno. Non per niente gli uomini vivono sette anni in meno delle donne. Ci prendiamo meno cura di noi stessi, corriamo molti più rischi, ci piace la velocità, ci piace in un certo modo e in alcune circostanze anche la violenza, gli sport motoristici selvaggi, insomma, quando il nostro cuore batte per l'adrenalina dell'emozione ci sentiamo vivi, e questo è pericoloso per noi e per gli altri.

Dovete accettare questa dura e cruda verità: le **donne non sono cattive, è solo** che voi siete morbidi e chiedete una gentilezza che spesso non possono dare. Non possono darla perché sono state programmate così per milioni di anni. Riescono a dare un po' di gentilezza solo a colui che considerano il loro partner, e questo nel migliore dei casi, per tutti gli altri c'è freddezza e un comportamento diffidente. Proteggono i propri e sono ostili agli altri per la maggior parte del tempo. Una volta che una donna si apre, cioè si conquista, diventa buona, a meno che non siate eccessivamente morbidi, cosa che lei compenserà diventando più fredda e dura.

In generale bisogna anche dire che sono già molto più freddi e cattivi, ma non è colpa loro, sono stati programmati così, come ho detto prima, è il loro adattamento per sopravvivere. Non avendo forza fisica, hanno sviluppato l'astuzia e in questa qualità sono anni luce avanti a noi in termini di potenza. Spesso questo può essere interpretato come una cattiveria, ma è solo il loro modo di essere, non è colpa loro. Non lamentatevi di quanto sono cattive le donne, perché è così che devono essere, ma lamentatevi di quanto siete morbidi e deboli.

Sei un uomo e se aspiri ad essere un uomo invincibile, non puoi lamentarti di nulla.

Lamentarsi è un fallimento. Gli uomini invincibili non si lamentano mai.

"L'uomo è duro fuori e morbido dentro, la donna è debole fuori e dura dentro".

Gli uomini hanno innumerevoli incidenti e morti violente a causa dell'eccesso di testosterone, sì lo so. Anche qui deve essere così. Tutto è perfetto così com'è. Non ci sono lamentele, non c'è dolore. Gli uomini invincibili accettano tutto quello che gli capita, senza lamentarsi.

La vita dell'uomo.

Racconterò la vita di quest'uomo dalla nascita. All'inizio è un essere molto bonario, innocente e candido, il cui unico riferimento è la madre. È lei che lo protegge da tutto ciò che di brutto c'è nel mondo, è lei che gli dà affetto e amore. Un affetto e un amore che non troverà mai più, o che sarà di qualità molto bassa. L'affetto e l'amore che si spera di trovare sarà una copia a buon mercato dell'amore materno. Quando ha costruito la sua versione invincibile, non ne ha nemmeno bisogno, è un uomo invincibile che non si accontenta di nulla, è molto duro, ha abbastanza per essere felice con se stesso. Ma ora, da giovane, è debole e fragile.

Quando a un giovane iniziano a piacere le ragazze, di solito si trova in una situazione molto difficile. Ha tutto da fare, deve costruire la sua personalità, deve irrobustirsi per poter competere alla pari con loro.

Così questo povero ragazzo se ne va in giro facendo la cosa più naturale, innamorandosi ed essendo gentile, affettuoso e romantico con le meravigliose, bellissime ragazze. Questo accade perché la società, la famiglia, la scuola, i genitori, i film, tutto, lo porta verso il romanticismo e l'amore idilliaco che è l'obiettivo da raggiungere.

Il ragazzo pensa e sente, ma questi pensieri e sentimenti non sono veramente suoi, sono stati inculcati dalla società. Per questo motivo, finché non si libera di questo vecchio io mal programmato, non può avere successo in amore. Questo sé programmato da altri, il ragazzo lo associa a se stesso e crede che sia il suo vero sé, ma non è così. Il ragazzo pensa e sente in questo modo perché è immerso nella corrente di pensiero dominante, perché non può uscirne, perché questo è ciò che sa, ecco perché il ragazzo, il cento per cento delle volte, diventa una persona morbida, sensibile e dipendente, in cerca di amore.

Così va alla ricerca dell'amore e fallisce completamente, perché spesso, se non quasi sempre, ripagano la sua gentilezza con disprezzo, bugie e umiliazioni.

Questo può provocare tre effetti sulla mente maschile:

- Il primo, credo che quasi tutti ci siano passati, è che c'è un **odio verso le donne**, che vengono viste come esseri malvagi che causano tutti i nostri problemi.
- La seconda possibilità è un'altra: accettarli così come sono con rassegnazione e **continuare a cercare l'amore** come bravi ragazzi fino alla fine.
- La terza opzione è quella di diventare un **uomo invincibile**, che vi spiegherò nel corso di questo libro.

Analizzerò innanzitutto l'**opzione numero due**.

Quelli che hanno continuato a cercare l'amore trovano un amore manipolato, un amore non vero, un amore che nasce dalla loro debolezza, e sono tutti schiavizzati senza pietà dalle donne. Così troncano la loro vita e invece di essere felici di sedurre e divertirsi, sono amareggiati, spesso sopportando una donna despota, che li umilia e li tratta male.

Fanno di tutto per proteggere la famiglia e, in breve, sono anche grandi eroi, eroi che sacrificano la loro vita affinché i loro figli prosperino. Il più grande di questi sacrifici è sopportare la moglie, che il più delle volte è una donna che è diventata cattiva e dura quando ha visto quanto lui fosse buono e tenero. Altre volte è semi-buona, il punto è che sarà il più buona possibile con lui, perché è il suo uomo, che le piaccia o meno, l'ha scelto e ora lo dà per scontato. Lui si è impegnato a costruire una famiglia con lei e quindi lei dovrebbe trattarlo al meglio, ma quest'uomo chiaramente perderà in amore e merita la nostra commiserazione.

Nel 70% dei casi, beh questo è un numero che ho messo un po' a caso e non ho i dati precisi, ma stimo che sia qualcosa del genere, i matrimoni falliscono e dopo, questi uomini, buoni o cattivi o qualunque cosa siano, subiscono nella loro carne, in tutta la sua crudezza, le leggi ingiuste che li privano dei loro figli e di più della metà delle loro proprietà. Molti subiscono un calvario di processi, ricorsi e vengono rovinati dagli avvocati. Tutto per aver cercato di vedere i loro figli, di solito ingrati, che sono totalmente manipolati dalle loro madri, con l'approvazione dell'intera società pensante.

Nei casi più estremi impazziscono e fanno cose barbare. Alcuni si suicidano, altri uccidono le mogli, ma questi sono casi estremi che non sono normali. Ciò che è normale è ricostruire la propria vita e ricadere nelle stesse trappole, tutto per continuare a credere nell'amore, un amore, come ho detto prima, in cui non si vince mai, si perde sempre, e al massimo, ma molto, molto, un pareggio. Perdono sempre per una valanga di voti.

Questo amore, se inghiottirete tutte le sue richieste, limiterà la vostra libertà. Ti proibirà di essere un uomo, di andare in giro con altre donne, di dormire con altre donne, che è ciò che la natura vuole veramente per te. Questo matrimonio è fatto per voi per prendervi cura della vostra famiglia, ma una volta fatto questo, non troverete la felicità, né nel primo, né nel secondo, né nel quinto, sono tutti più o meno la stessa cosa. Illusione all'inizio, sofferenza nel mezzo e tremenda delusione alla fine.

Questi uomini che si sposano non hanno mai successo in amore, anzi, falliscono terribilmente.

Molti non si sposano nemmeno, perché soffrono talmente tanto per il rifiuto e il fallimento che non ce la fanno, perché cadono in una profonda depressione a causa di queste disgrazie e non si rialzano.

L'opzione uno, in cui molti cadono, è quella di odiare le donne, questo è successo a tutti noi quando eravamo bambini, quando non capivamo nulla e non sapevamo, ora che siamo maturi e sappiamo, ci rendiamo conto che anche se sembrano molto cattive, in realtà sono come devono essere, perché è così che la natura le ha create, perché è così che sono sopravvissute meglio, perché sviluppando l'astuzia sono state in grado di superare la dura vita che hanno condotto anche loro. Quindi vi chiedo per il vostro bene di smettere di lamentarvi delle donne, questo è un fallimento, un perdente totale.

La terza opzione è smettere di odiarli e di assecondarli e diventare **un uomo invincibile,** questo è il vero sentiero, il sentiero numero tre.

Noi uomini siamo soli, nessuno ci aiuta perché siamo già uomini, non siamo bambini o donne, siamo uomini e dobbiamo risolvere le cose da soli.

Statistiche sugli uomini.

Non è un caso che così tante persone vogliano cambiare il proprio sesso in femminile. Come ho già detto, essere uomini è pericoloso. La maggior parte dei dati che riflettono tutte queste statistiche derivano dalla nostra stessa colpa, dalla nostra impulsività e aggressività, ma ci sono queste statistiche devastanti.

Gli uomini subiscono un numero di morti su strada 4,3 volte superiore, vale a dire che per ogni donna che muore, muoiono più di 4 uomini.

Gli uomini vanno in guerra e rappresentano il 99% delle vittime. Per ogni donna uccisa in battaglia, ci sono 99 uomini. Nessuno chiede la parità di trattamento?

Gli uomini si suicidano più di quattro volte rispetto alle donne.

Le donne iniziano il 70% dei divorzi.

Gli uomini sono abituati a sopportare, sono loro a ricevere la maggior parte della violenza. La maggior parte delle violenze è perpetrata da uomini a uomini.

Nora Vincent è un'attivista e scrittrice femminista. Questa donna ha fatto un esperimento per diciotto mesi, che consisteva nel fingere di essere un uomo. Ha sofferto così tanto da cadere in depressione. Secondo lei, la sua vita da uomo era brutalmente difficile e dura. Diceva di ammirare gli uomini e che la nostra vita era molto, molto più dura di quella delle donne. Lei lo saprà.

Il terribile esempio di un
uomo in guerra.

Questo è un esempio che sto per inventare, ma la realtà può essere così, e anche più dura.

Il nostro protagonista è un uomo di 28 anni che è stato arruolato a forza per difendere il suo Paese, non aveva alcuna formazione militare, ma ha dovuto farlo perché solo gli uomini difendono il loro Paese nelle guerre. È un uomo in età di mobilitazione, quindi, per non incorrere nella pena di morte per diserzione, eccolo in prima linea.

La temperatura è di sedici gradi sotto zero, l'uomo non è molto ben equipaggiato per il freddo, poiché le provviste sono scarse. Trema e rabbrividisce per la maggior parte del tempo. Da due giorni non mangia nulla di solido, solo una bustina di zuppa che riscalda a fatica su un piccolo fornello, che condivide con altri due combattenti.

Di notte piange e ricorda la sua casa, sua moglie e i suoi due figli piccoli. Non ha notizie di loro, non arrivano lettere al fronte. Spera che forse lei sia fuggita e che ora si trovi in un altro Paese, sana e salva, in un luogo caldo e sicuro.

Ogni notte pensa a loro e a come sarebbe la sua vita se non combattesse per il suo Paese.

Passano tre lunghi mesi senza che accada nulla di importante. C'è solo la noia di stare in prima linea ad aspettare che il nemico si avvicini. Ma il nemico non si degna di farsi vedere. Questo dà un po' di speranza che forse non si farà mai vedere e che si potrà tornare interi a casa propria, se si è ancora in piedi. Potrebbe anche riuscire a riavere la sua famiglia se questa guerra finisse presto. Sogna di riabbracciare sua moglie e i suoi figli. Prega ogni giorno per il loro benessere. Pensa: "Vorrei tornare a casa e trovare la mia famiglia ad aspettarmi". Il soldato pensa che vorrebbe poter comunicare con loro e a volte fantastica sulla notizia più bella, ovvero che la guerra è finita e che può ricongiungersi con la sua famiglia ovunque si trovi.

Un giorno fatidico, alle 5:47 del mattino, inizia un pesante bombardamento sulla sua posizione. Le bombe gli fanno scoppiare i timpani e ne perde sangue, il dolore è intenso, il rumore infernale.

Si rintana nella sua trincea in attesa che la pioggia di bombe che colpisce la sua posizione si attenui, ma non c'è fine in vista. Terribili esplosioni scuotono l'ambiente circostante ed egli trascorre più di due ore pregando e piangendo, chiedendo a Dio di salvargli la vita. Non c'è nessun nemico da abbattere, nessuno da vedere, solo bombe che cadono.

Purtroppo uno di loro è atterrato troppo vicino, l'esplosione lo ha scaraventato fuori dalla trincea e ora giace sulla schiena con l'addome completamente squarciato. Le sue budella sporgono e parte degli intestini sono a terra accanto a lui.

Il dolore è enorme, perde molto sangue, ha le vertigini e le convulsioni. Gli arti si congelano per il freddo. Ma non riesce a muoversi. Forse ha anche una lesione al midollo spinale. Non lo sa ma è successo anche questo, è paraplegico dalla vita in giù, l'unica cosa che sa è che non può muoversi di un centimetro o le sue budella usciranno ancora di più.

Sdraiato sulla neve macchiata di sangue e sangue, giace immobile per ore con esplosioni vicino a lui, che fortunatamente o sfortunatamente non lo raggiungono. Rimane lì finché non perde completamente i sensi. I bombardamenti cessano, riprende conoscenza, trema, il suo primo pensiero è ricordare la sua famiglia e la sua casa.

Ha un'esile speranza che qualcuno venga a salvarlo, ma con il passare del tempo la morte si avvicina sempre di più e non riuscirà a superare la notte se qualcuno non verrà a salvarlo.

Dopo lunghe ore di terribili sofferenze, di urla senza risposta, senza speranza di soccorso, improvvisamente si sente il rumore dei blindati. Il nostro soldato si guarda intorno alla luce dell'alba, dopo aver goffamente riacquistato il senso della vista alla luce dell'alba. L'orizzonte si sta schiarendo e può vedere più chiaramente ciò che lo circonda. Ciò che vede è desolato, nessuno dei suoi compagni è sopravvissuto. Sono tutti a pezzi sul terreno. I suoi compagni sono letteralmente a pezzi, un braccio qui, una testa là. È l'unico sopravvissuto al bombardamento.

Finalmente un veicolo blindato appare davanti a lui, ma, purtroppo per lui, non è un veicolo amico, appartiene al nemico. I soldati escono, lo prendono in braccio e, senza ulteriori indugi, lo trascinano per terra e lo gettano in un cratere aperto da una bomba quella terribile notte.

Grida e implora pietà, ma non gli danno retta.

Ora gli stanno gettando delle badilate di terra sulla faccia e, a poco a poco, lo stanno ricoprendo, finché alla fine non viene sepolto vivo.

Non ha più forza e non può né urlare né muoversi, e sta soffocando, con la sporcizia che gli entra nella bocca e nel naso nel disperato tentativo di respirare sottoterra. Mentre sempre più terra viene gettata su di lui, si sente soffocare sempre di più e si dimena più che può per cercare di uscire da lì. La sporcizia gli entra nella ferita e brucia terribilmente. I suoi ultimi pensieri prima che scenda il buio sono per la moglie e i figli piccoli. Lo sporco è già entrato nelle ferite, ora non può respirare, muoversi o fare nulla. Passano ancora due minuti di soffocamento e agonia prima che muoia definitivamente.

Per cosa valeva la pena essere lì? Che grandezza c'è in questa morte?

Nel frattempo, a Milano, la moglie è al sicuro con i due figli. La sera stessa dell'inizio dei bombardamenti, stanca di non avere notizie del marito, dato per morto, decide che è arrivato il momento di voltare pagina e di liberarsi da tutte le tensioni di questa guerra. Dopo aver tanto sofferto, dopo mesi senza notizie del marito, quella sera incontra un bell'uomo italiano che viene a prenderla con una bella macchina. Escono a festeggiare e in quelle ore lei finalmente si diverte un po' e dimentica la guerra e il marito. Nello stesso momento in cui il suo uomo sta morendo nel cratere, lei va a letto con l'italiano e per qualche istante dimentica tutto quello che ha sofferto.

Una narrazione scioccante, non è vero?

Beh, la lezione di tutto questo è che cosa cazzo sono le guerre!

Qualcuno dirà: che donna, che donna cattiva che fa queste cose!

Vi dirò cosa penso. Questa donna **non è cattiva,** non dobbiamo odiarla, né criticarla, né disprezzarla minimamente. Anche lei ha sofferto molto, non quanto lui, ma ha sofferto molto. Le circostanze hanno coinciso con la morte del marito, con il giorno in cui ha potuto godere un po' di se stessa.

Nessuno dovrebbe odiare lei o le donne in generale. È la vita stessa a essere dura, lei che ha già sofferto l'indicibile, ha il diritto di divertirsi un po'. Se avesse potuto, sarebbe stata al suo fianco, se avesse potuto, ma non ha potuto.

La mancanza di informazioni ha fatto sì che, pur avendolo costantemente nei suoi pensieri, decidesse di fare proprio questo, di voltare pagina, di godersi almeno quel giorno. Pensava che fosse quasi impossibile tornare a vivere con suo marito, un giorno doveva darlo per morto e questo era il giorno giusto.

La vita è così dura, le donne non sono né cattive né buone, si adattano a ciò che siamo. Se noi siamo molto buoni, loro compensano diventando cattivi, se noi siamo molto cattivi, loro diventano molto buoni per compensare. È una sorta di accoppiamento, di adattamento, come volete chiamarlo.

Per questo non dovete pensare che odiarli vi renderà più forti, anzi, è la vita che è difficile, non loro.

Dobbiamo amare tutti, donne buone e donne cattive, perché non esistono donne veramente cattive, le donne sono così per via del loro adattamento all'ambiente. Dobbiamo essere al di sopra del bene e del male ed essere **l'uomo invincibile** che non si lascia condizionare da nulla, che non soffre mai, che si adatta a tutto, che non cerca scuse, che non si lamenta, che non cerca capri espiatori a cui dare la colpa del male del mondo.

L'unico che devi battere è te stesso.

L'uomo invincibile migliora se stesso per diventare più divertente, più allegro, più indifferente alle cose che non contano. Diventa duro come un chiodo, a tal punto che nulla lo scalfisce. I tradimenti, le profonde delusioni che la vita ci regala, non lo scalfiscono affatto. L'uomo invincibile ama se stesso e non permette a niente e a nessuno di farlo sentire in colpa.

L'uomo invincibile aveva un solo nemico, la sua versione precedente, quella programmata in serie, che ha sconfitto. Ora non ha più nemici, ha se stesso e il mondo intero per godere della meraviglia della vita.

Anche lì, sepolto vivo, l'uomo invincibile si sente in pace con se stesso, senza odio né rancore.

Esatto, a volte succede, a volte mandano l'uomo invincibile a combattere l'inferno e lui torna decorato e in perfetta salute.

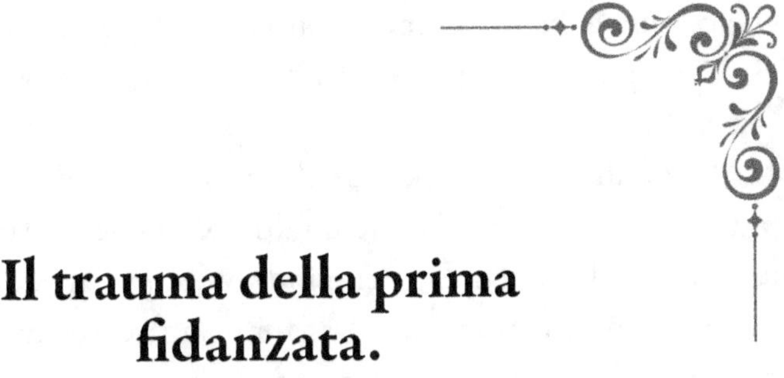

Il trauma della prima fidanzata.

La prima sposa è quella che ci dà il più grande shock della nostra vita. Arriviamo da lei totalmente innocenti e buoni. Arriviamo credendo nell'amore e di aver trovato la felicità. Non ci preoccupiamo affatto del nostro allarmante comportamento amoroso, che ci spinge a capofitto in una tremenda dipendenza emotiva. Quando arriva il giorno della rottura, il mondo ci crolla addosso. Quel giorno è il peggiore della vostra vita. Tutto ciò in cui avevate creduto crolla, tutto ciò per cui avevate lottato va perduto, tutto ciò che pensavate sarebbe stato eterno, incondizionato e immenso vi viene portato via. Molti non riescono a superarlo e rimangono traumatizzati a vita, o hanno grossi problemi psicologici. Alcuni diventano sensibili, altri disprezzano le donne.

Questo amore non torna mai più, perché non sarete mai in grado di darvi tanto quanto avete fatto con la prima ragazza. Quindi l'amore, se esiste, avviene in questi pochi anni di gioventù, in cui si è creduto davvero nell'amore, si è stati ricambiati e si sono vissuti momenti di grande felicità con quella ragazza che si pensava fosse per sempre.

La dura realtà scuote il ragazzo e possono verificarsi crisi d'ansia, depressioni, malinconia, cose di merda, che a volte durano anni, a volte mesi, a volte una vita intera.

Questo primo grande colpo vi riporta alla realtà e vi mostra che solo alcune donne saranno molto gentili con voi, e per un tempo limitato.

In realtà questo amore è un'anomalia, qualcosa che accade solo in questa fase giovanile, e non sempre, solo con le poche donne super gentili che ci sono ancora. Donne che non apprezzerete più tanto e a cui non vi darete più tanto se appariranno più tardi, a causa di questo trauma iniziale.

Dopo di che si può lottare di nuovo per l'amore, cosa che accade il più delle volte, per poi subire un'altra battuta d'arresto molto più rapida ma meno dolorosa; oppure ci si indurisce direttamente.

È normale continuare a vagare e vagare per un bel po' di tempo, finché alla fine, verso i 30 anni, ci si è adattati a interagire con le donne e si smette di soffrire.

Questo non significa che questa prima fidanzata sia cattiva, tutt'altro, è buona, buona all'interno di questa anomalia in cui sono buoni con il loro partner. Come ho detto prima, non sono né buoni né cattivi, dipende da come si è; se si è buoni saranno cattivi, se si è cattivi saranno buoni. In questo caso il ragazzo è innocente e buono e si verifica questa anomalia, quindi, essendo buono, si comporta in modo abbastanza gentile, ma, alla fine, si verifica l'aggiustamento e la tua gentilezza viene ripagata con l'abbandono.

Anche voi siete in parte responsabili di questa rottura, perché finite per annoiarvi della vita tranquilla che questa donna vi offre, e il vostro distacco da lei viene inizialmente ripagato con più amore, ma, a poco a poco, la ragazza si indurisce e avviene un allontanamento da parte sua, fino alla rottura definitiva.

Non lamentiamoci, le lamentele sono per i perdenti, le donne sono come dovrebbero essere.

Sono loro che ci trasformano da molli, dipendenti e non mascolinizzati, in uomini duri e resistenti. **Siate grati per ogni donna che vi lascia,** perché vi renderà più duri, più attraenti e più forti. Alla fine diventerete un uomo invincibile se sopporterete e supererete tutto.

La donna migliore che conosca.

La donna migliore che conosco è una donna davvero gentile per il suo ambiente. Ama gli animali, ha molti cani, ama anche i gatti, si prende cura amorevolmente di suo figlio, pulisce la casa, fa il suo lavoro, è gentile con le persone, è amichevole, affascinante e loquace.

Una ragazza meravigliosa, tranne in quei piccoli momenti in cui si contorce e diventa cattiva, cosa che accade solo quando si fa qualcosa che non le piace.

Questa donna simpatica e comprensiva, che è così benvoluta ovunque vada, si è separata dal marito. Nonostante tutta questa simpatia, non ha esitato un secondo a portargli via lo chalet che lui aveva costruito per anni con i suoi sforzi. Gli ha portato via anche il figlio e lo ha addestrato contro di lui al punto che il figlio non vuole portare il cognome del padre. Gli ha portato via anche l'auto, insomma, quello che era il suo amato marito è diventato il suo odiato nemico.

Questo dovrebbe farvi riflettere su come sono loro. Quando siete "l'uomo" sono bravi, ma se li deludete si vendicheranno per tutto il tempo che pensano di aver sprecato con voi. Tempo che avrebbero potuto trascorrere con il vero uomo, con qualcun altro che le avrebbe trattate meglio, o almeno, non così deluse.

È la donna più gentile che conosca. È cattiva, no, è così che deve essere. Quando le coinvolgete in qualcosa come il matrimonio, più sono coinvolte, più ve la faranno pagare in seguito. Quando decideranno che non sei più "l'uomo", ne pagherai le conseguenze a un prezzo enormemente alto e folle! È così e dobbiamo accettarlo.

Questa è la donna migliore che conosca, pericolosa per chi la delude, simpatica e amichevole per chi se la scopa, a meno che non siate il marito e la deludiate.

Questa donna mi ama e mi chiama regolarmente per uscire con lei, ma siccome non mi faccio coinvolgere per un cazzo e non la coinvolgo, non la deludo nemmeno, così posso uscire con la bestia senza che lei mi attacchi.

Un seduttore è un domatore, un maestro di seduzione è un domatore audace, che sa come gestire la situazione con temperamento e farsi valere. Il maestro seduttore è sempre un uomo coraggioso, un eroe, perché tiene a bada donne che si comportano come vere e proprie belve. Ce ne sono molte e non lo attaccano quasi mai, e quando lo fanno, lui sa come difendersi. Il migliore.

Quelli con cui vai hanno distrutto molti uomini, ora sono miti e docili davanti al tuo potere del cazzo. Sono anche sottomessi al tuo cazzo, ma questo dura solo per un po', e dato che non puoi scoparli 24 ore al giorno, prima o poi dovrai sopportare di nuovo le bestie selvagge che cercano di ucciderti.

Ogni domatore ha la sua frusta, serve per imporsi e farsi rispettare, anche voi avete la vostra, no, non è il cazzo, quello non basta per domarli, l'arma definitiva si chiama "la seduzione oscura".

Se il domatore esita, se vede una debolezza, lo mangia vivo.

La mascolinità.

Ho scritto interi libri dedicati alla mascolinità, quindi sembra che non ci sia altro da dire su questo argomento, ma non è vero, c'è altro da dire. La verità è che, come uomini, abbiamo perso la mascolinità a causa della perdita di testosterone. Infatti, gli uomini degli anni '70 che avevano 75 anni ne avevano 800 (non chiedetemi cosa sia) e gli uomini di oggi che hanno 25 anni ne hanno solo 550. Questa mascolinità è abbassata dai prodotti alimentari industriali che siamo costretti a mangiare nei supermercati. Andate a misurarla nelle tribù della giungla della Papua Nuova Guinea e vedete quanto è.

Un'altra parte di questa perdita di testosterone deriva dal fatto che i lavori che svolgiamo non richiedono più forza fisica. Un tempo, tutti i lavori richiedevano forza fisica.

Il guerriero, il facchino, il contadino, il cacciatore, il mugnaio, il pescatore, il costruttore, tutto era fatto a mano. Le persone avevano il testosterone ed erano forti e macho. Ora non è più così, abbiamo il programmatore di computer che muove l'indice e aziona il mouse, abbiamo lo scrittore come me, che si siede a parlare e il programma di riconoscimento vocale scrive già quello che dico per me, non ho nemmeno bisogno di scrivere, abbiamo anche il dipendente pubblico, che l'unico lavoro che fa è andare sul posto di lavoro, poi si siede lì per otto ore e torna a casa. Non ci sono quasi lavori che richiedano uno sforzo fisico, e così questa mascolinità si perde.

Anche la musica è importante, al giorno d'oggi non c'è altro che reggaeton con autotune che non si capisce nemmeno cosa stiano dicendo. Ho persino sentito canti gregoriani di monaci con l'autotune, cos'è, un mix per la meditazione? È ridicolo. Non ci sono più rock band, una volta c'erano rock band con ragazzi davvero tosti, vere rock star.

Ecco perché questa mascolinità deve essere **esercitata.** Ultimamente ho notato molto i fabbri, queste persone costruiscono i loro coltelli e le loro spade nelle fucine delle loro case. Sono uomini molto duri che creano opere d'arte con il martello e la forgia. Questo mette su muscoli, il calore aiuta anche a dimagrire, è un'attività super macho.

Ci sono anche gruppi che sono un ritorno al passato, con ragazzi super maschili che suonano musica vichinga e nordica. Questi ragazzi sono a torso nudo, camminano sulla neve con le asce, vestiti come vichinghi, combattono e suonano il tamburo.

Il tamburo è un'attività da duro, molto muscolare, da guerriero. Il tamburo è la cosa più potente, per questo gli arabi li portavano in battaglia, li chiamavano "tamburi di guerra". Con il loro ruggito, intimidivano il nemico.

Un uomo invincibile ascolta sempre musica da duro e, naturalmente, la batteria. Oltre a potenziarvi con il suo suono, vi aiuta anche a entrare in trance, una trance feroce e bellicosa.

Gli scozzesi mi sembrano dei veri duri, così come i russi. In Scozia ci sono molte band che suonano cornamuse, chitarre rock e molta batteria, il che riporta al macho duro di un tempo.

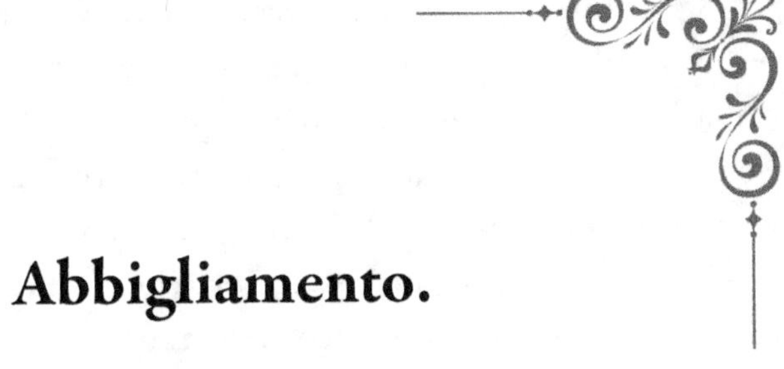

Abbigliamento.

Questo è un argomento un po' controverso, perché la cosa normale è voler massimizzare le proprie possibilità di sedurre le ragazze vestendosi molto bene e apparendo molto attraenti, con giacche, abiti, vestiti costosi e buone scarpe, oltre a profumi e accessori. Questo è un bene ed è vero che dà più potere, ma io non lo seguo troppo. Mi piace rendere le cose difficili per me stessa, ecco perché presto particolare attenzione ai ragazzi che sono vestiti molto male, ma che proiettano una forte mascolinità.

Mi sembra che più un ragazzo è vestito male, meno cerca di compiacere o sedurre, è contento di sé e se ne frega di quello che pensano gli altri, comprese le donne. Vestirsi male è una cosa da veri duri.

Vestirsi sempre in modo elegante è un po' una mollezza, il che significa che non si ha il pieno potere di sedurre le ragazze da soli, o almeno si hanno dei dubbi, e quindi, per essere sicuri, bisogna indossare ogni tipo di accessorio per apparire attraenti. Quando sei dotato di superpoteri, sei vestito bene e sei attraente. Si può essere attraenti vestiti con una salopette quasi fino al collo e senza nulla sotto, o camminando per strada in infradito, o in pantaloncini, o in costume da bagno, o in qualsiasi modo, come un bifolco americano.

È vero che questo vi chiuderà le porte con donne molto superficiali, donne che sono, per così dire, eleganti, che vanno per la maggiore, ma anche ad alcune di queste donne potreste piacere, se diventate un ragazzo muscoloso, definito, forte e macho.

Se sentite fortemente il vostro potere, potete vestirvi come volete, persino andare a piedi nudi per strada e loro vi vedranno come maschili e macho. Le spaventerete un po', perché non sono abituate a tanta sicurezza. Non vi preparate per loro, siete voi la cosa importante, voi e il vostro comfort, non sono loro a condizionare il vostro modo di vestire.

Per questo penso che il seduttore che si veste a suo piacimento, che indossa una tuta da meccanico, che indossa una tuta sporca di grasso, o una tuta del cantiere, o della tinteggiatura della casa, o dell'innalzamento del muro macchiato di cemento, sia più potente di quello che indossa un abito di Armani.

Se siete coinvolti in ambienti molto raffinati (produttori), vi consiglio di vestirvi bene per essere integrati in quel gruppo sociale, perché essere vestiti male produrrebbe un rapido rifiuto, ma, una volta sedotti, devono vedere anche il vostro lato maschile, il duro, la vostra versione di meccanico che ripara la macchina, di uomo sbadato che non si è rasato oggi, di sollevatore di pesi. Dovrebbero anche vedere in voi un maschio trasandato, che sarà meno bello, ma più virile. Ad alcuni piacerà di più questa versione rispetto a quella di marca.

Se siete già attraenti vestiti in qualsiasi modo, cosa sareste se vi vestiste bene? Qualcosa di tremendamente potente.

Quindi, per riassumere il mio pensiero, ti dico che essere sempre malvestiti è sbagliato, perché tu stesso minimizzi eccessivamente le tue possibilità, ma anche essere sempre ben vestiti è sbagliato, perché dimostri un interesse eccessivo nel piacere e nel piacergli, e questa è una debolezza. Un vero duro è muscoloso, si veste spesso come meglio crede e attira comunque le donne.

Eliminazione.

Molti si vantano di quante ragazze hanno rimorchiato ogni anno e vanno in giro a vantarsi dei loro successi. Beh, questo è un livello di iniziazione, quando si diventa maestri di seduzione non ci si vanta di quelle che si rimorchiano, ma di quelle che si eliminano, di tutte le ragazze violente e meschine che si è riusciti a eliminare dalla propria vita. Ti vanti di non subire più il terribile, sgradevole e costante fastidio che creano con le loro lamentele e richieste. Il vostro potere del cazzo vi ringrazia perché vi rispettate, e questo lo aumenta.

È vostro dovere eliminare le persone tossiche dalla vostra vita: l'amico che scompare, l'amante troppo esigente, quello che cerca di abusare. È meglio che siano fuori che dentro, non dovete assolutamente comunicare con loro. L'unica comunicazione possibile è quella di congedarli per il loro comportamento deludente. Inoltre, si spiega loro il motivo dell'allontanamento, in modo che quel poco di coscienza che gli è rimasta si faccia sentire. Pura seduzione oscura.

Le buone donne si acquistano essendo felici, e non si eliminano né felici né tristi, forse un po' tristi in alcuni casi, ma subito felici, sapendo di aver fatto la cosa giusta, ed entusiasti, perché si ha il tempo di fare nuove acquisizioni.

Le donne cattive si acquisiscono con la tristezza e si eliminano con la felicità. Le ottieni con la tristezza, perché anche se sai che ti daranno problemi, devi sommarle. È pericoloso e lo fai solo nelle rare occasioni in cui ti senti un drogato di seduzione e, pur sapendo quanto siano problematiche, le acquisisci comunque. È una cosa tenera da fare, avete così tanto bisogno di flirtare che acquistate anche donne che sapete essere pessime. In questi casi, il momento in cui si è veramente felici è quello dell'eliminazione. Il più delle volte siete intelligenti e non avete nemmeno intenzione di sedurle a causa della loro enorme ed evidente cattiveria.

Il processo di produzione è questo: per poter eliminare a piacimento, bisogna prima acquisire. Il successo dell'anno si quantifica in base alle ragazze eliminate, non a quelle acquisite.

Queste eliminazioni sono enormi trionfi nel caso delle bad girls.

È molto più abile eliminare che acquisire.

Alcuni uomini validi.

Ci sono stati molti uomini che sono stati tremendamente danneggiati nella loro interazione con le donne e anche dalla vita stessa. Questi uomini hanno una caratteristica comune: hanno tollerato abusi e sono diventati dipendenti da altri, persone che non hanno una vita propria. Questa debolezza di carattere viene rilevata dalle donne interessate che si rivolgono a loro per approfittarne. I deboli, i molli, non sanno dire la parola magica "no". Tutti li maltrattano. Così, a poco a poco, perdono l'autostima. Finiscono per essere pessimisti e disfattisti nei confronti di se stessi. Visualizzano un futuro di fallimenti che, purtroppo, si concretizzeranno molto più di quanto immaginino.

Alcuni finiscono nel reparto geriatrico all'età di 53 anni, altri frequentano gli ospedali psichiatrici, altri ancora sono dei reietti sociali che non hanno amici, non hanno una vita sociale, non sono in grado di relazionarsi con nessuno e rimangono in casa, rinchiusi fino alla morte. Altri diventano eccessivamente misogini, altri ancora depressi. Molti di loro si rifugiano nella religione come via di salvezza. La religione che li condurrà a una vita migliore. Aspettano la prossima vita, perché questa la considerano persa.

Alcune donne cattive.

Una donna cattiva è una benedizione. È una benedizione perché è davvero insopportabile, e dopo un piccolo contatto con lei, si detestano immediatamente le sue richieste, i suoi abusi e il suo cattivo comportamento. La cosa positiva è che grazie a questo avremo la scusa perfetta per lasciarla, ci ha reso le cose più facili.

Meritano di essere eliminate e lo sanno. Quando li lasciamo abbiamo già preso il nostro buon beneficio sessuale, ma nemmeno pensando a questo, solo sotto l'aspetto sessuale, è consigliabile continuare con loro, perché il danno che provocano con i loro abusi è molto grande, per questo non dovrebbero, non possono e di solito non durano.

L'unica cosa a cui servono è aumentare il nostro numero di conquiste. Sono numeri, fottuti numeri, non li ricordiamo nemmeno, sono davvero insignificanti.

Elimina questa donna dalla tua vita in fretta, ti renderà potente. Sarete ansiosi di dedicarvi alla vostra produzione, perché questa è stata una fottuta merda. Una donna cattiva, se cade nelle mani di un uomo invincibile, è una buona donna. Queste sono il nostro mercato, quelle che rendono possibile la massiccia produzione. Un uomo invincibile è grato che queste donne appaiano.

Li mette al loro posto, impone il rispetto e riequilibra il sistema.

Alcune buone donne.

Queste donne buone, gentili fino all'inverosimile, sono molto difficili da eliminare, fanno sempre buone azioni, mostrano affetto, comprensione, sopportano tutto e non se ne vanno qualunque cosa facciate. Questo è un problema molto grande.

Sono lì ad aspettare che allentiate la vostra produzione, si accucciano per darvi la caccia, sono sempre lì per voi. Alla fine finiscono per affezionarsi a voi per la loro estrema gentilezza e ci vuole molto per liberarsene. Non vi fanno nulla di male, ed è questo il problema: vi indeboliscono a poco a poco, e alcuni di loro possono prendervi. Ecco perché, se non si vuole avere una relazione seria e formale, rimorchiare una donna carina è un male.

Il capitolo più importante di tutti i libri.

Ho chiamato questo capitolo "il capitolo più importante di tutti i libri", perché penso che sia davvero il capitolo più importante di tutti i libri che ho scritto. Penso che se non siete un mistico, una persona con preoccupazioni ultraterrene, probabilmente troverete questo capitolo orribile. Lo so, lo so che sono un coach di seduzione e questo non è quello che ci si aspetta da me, ma io sono più di un coach, ma dopo aver spiegato tutto questo in modo profondo, starò zitto e non dirò più cose mistiche.

Come concretizzare ciò che vogliamo?

Nel libro "Seduzione assoluta JD" ho spiegato gli strati in cui la vostra testa dovrebbe essere segmentata. Nel libro "Come materializzare ciò che vuoi con fottuto potere" ho spiegato come materializzare, ma non ho messo insieme le due cose, qui lo farò.

Vi spiegherò le cose dall'origine, per quanto mistica e strana possa sembrare, fino alla cosa più superficiale del mondo.

Inizio, nel piano astrale, nell'altra dimensione, c'è un'energia infinita carica di amore e di pace, questa energia, questo potere infinito, potete chiamarlo Dio, potete chiamarlo l'universo, io l'ho chiamato il fottuto potere.

Ebbene, da questa dimensione, che immaginiamo essere un oceano infinito, sale una specie di imbuto attraverso il quale piccole parti del fottuto potere cambiano dimensione ed entrano nel mondo fisico. Questo fottuto potere crea una materializzazione, un essere, e quell'essere siete voi. Lo fa perché vuole sperimentare il mondo fisico attraverso di voi e tutti gli esseri.

Per questo diciamo che avete la scintilla divina dentro di voi, ed è vero, siete parte del fottuto potere infinito.

Nel mondo fisico si vive senza sapere chi si è veramente. Le leggi naturali dell'attrazione fanno sì che vi piacciano le ragazze e che vogliate conquistarle. Leggete libri sulla seduzione e cose che rimangono in superficie, senza andare a fondo, senza darvi tutte le risposte. In questo cazzo di capitolo ci arriveremo, vedrete.

Così gli anni passano, soffrendo e godendo di questo mondo fisico, finché un giorno, attraverso la meditazione, o il rilassamento profondo, o semplicemente entrando in trance, con la musica, con un tamburo, o semplicemente sentendo spontaneamente qualcosa di profondo dentro di voi, qualcosa appare all'improvviso, è una visione, o piuttosto una sensazione il più delle volte. In quell'istante siete in qualche modo consapevoli di avere questo immenso potere.

Questa è la cosa più difficile di tutte, connettersi con l'altra parte, essere consapevoli di avere il fottuto potere, e non solo essere consapevoli di averlo, ma sentire di essere il fottuto potere.

Questo è qualcosa che la maggior parte delle persone non raggiunge mai, e così vivono tutta la vita senza sapere chi sono e senza sentire il fottuto potere.

Voi che avete già sentito il fottuto potere, anche se non lo comprendete appieno, sapete che c'è qualcosa al di là di voi, un sé superiore, un'energia, qualcosa di infinito.

Nel mio caso, ad esempio, ero consapevole che nella mia vita sarebbero certamente arrivate cose buone. Mi è successo mentre ascoltavo una canzone, in quel momento ho sentito un potere enorme che non sapevo da dove venisse, non sapevo nulla, ma sapevo che tutto ciò che desideravo si sarebbe manifestato.

Con il tempo, leggendo libri mistici, ci si rende conto che questo momento cruciale, questa piccola illuminazione, questa consapevolezza, è il punto di partenza per qualsiasi cosa desideriamo avere nella nostra vita.

Poi, più tardi, anni dopo, andando ancora più a fondo, vi rendete conto che non siete altro che fottuta energia autoconsapevole e manifesta. Capite che non siete realmente il vostro corpo fisico o la vostra mente, ma energia infinita autoconsapevole, consapevole di essere manifestata su questo piano.

Da quel momento in poi tutto è molto più facile, poi quando siete diventati consapevoli di chi siete, vi rendete conto che quello che prima chiamavate aiuto divino non è un aiuto divino, perché non è qualcosa di esterno a voi, ma voi e il fottuto potere siete una cosa sola.

La prima rivelazione è.

"Io e il potere del cazzo siamo una cosa sola".

Quindi, qualsiasi cosa su cui focalizzate la vostra attenzione crescerà, crescerà grazie all'enorme potere che vi dà il vostro fottuto potere.

Quelli che sono arrivati fin qui usano il loro fottuto potere per creare quello che vogliono, un'opera teatrale, una scultura, un edificio, un'auto, qualsiasi cosa.

La seconda rivelazione è.

"Sono l'uomo invincibile.

Un uomo che ha il potere di scopare con se stesso è quindi un uomo invincibile. È un uomo che, qualsiasi cosa su cui si concentri, avrà successo.

Ora mi concentrerò sulla seduzione, per quanto possa sembrare superficiale. Dunque, siete già consapevoli di essere un fottuto potere manifestato su questo piano, quindi iniziate a esternare questo potere in ciò che desiderate, poiché volete essere un seduttore, chiedete aiuto al fottuto potere per guidarvi su ciò che dovete fare, e la prima cosa che vi dice è: "Voglio essere seducente".

"Sono il miglior seduttore".

Quindi la terza rivelazione è.

"Sono il miglior seduttore".

Come puoi non esserlo se tu e il fottuto potere siete una cosa sola? Il potere del cazzo si manifesta dicendo: "Sono il miglior seduttore" e lo sei davvero, perché hai il potere di tutti i seduttori di tutte le epoche dell'umanità. Diventate consapevoli di essere un uomo altamente seduttivo, il migliore.

Poi pensi che gli altri non siano consapevoli di questo fottuto potere e che spesso, a causa di questo sentimento di vuoto e di invidia che hanno, ti attacchino. Perciò tu, che da puro potere del cazzo ti sei materializzato in un uomo invincibile, detta la seguente frase che è la quarta rivelazione e che recita così.

"Mi faccio rispettare.

Come vuoi farti rispettare nella seduzione e in tutto in generale, ecco perché a poco a poco, con l'esperienza, emerge la seduzione oscura. Emerge come un adattamento, come un'arma di difesa, come un'armatura che protegge le tue due identità più profonde: l'uomo invincibile e la più profonda di tutte, la fottuta potenza manifestata.

Questa seduzione oscura nasce perché riceviamo molti attacchi, invidie e lamentele.

Inoltre il potere del cazzo vi dice che siete superiori. Anche se nel profondo siamo tutti uno, non tutti sono consapevoli di chi sono, quindi qui sul piano materiale siete superiori. Superiori perché gli altri non sono consapevoli di essere un fottuto potere manifesto e vibrano solo a una vibrazione molto bassa.

Di solito sono sotto nel loro risveglio, sono in un oceano di superficialità scollegata dal loro fottuto potere, quindi sono sotto, e se non lo sono, applicate la seduzione oscura e li mettete sotto. Li mettete sotto perché solo così vi vedranno potenti e vi piaceranno davvero, perché solo così sentiranno il vostro fottuto potere che li impressiona. Questo deriva dai tempi delle caverne dove erano attratte dall'uomo forte, quello che le difendeva e le proteggeva dai pericoli. Quindi, per attrarle davvero, devono vederti al di sopra di loro. Pertanto, la cosa successiva che emana dall'uomo invincibile è questa quinta rivelazione che recita così.

"Non li apprezzo.

Non bisogna valorizzarli perché in questo mondo la gentilezza si paga, una valutazione eccessiva si paga con il disprezzo. Questo accade per questioni genetiche ancestrali dell'uomo delle caverne che non le trattava con eccessiva attenzione, coincideva con il fatto che questo tipo forte e macho era quello che le proteggeva meglio, quindi associavano questo tipo forte e macho alla loro sopravvivenza ed è per questo che ancora oggi questo criterio governa la loro selezione. Preferiscono l'uomo più rude e cattivo che le apprezza poco o per niente. Questo non ha nulla a che fare con il misticismo, ma è altrettanto importante.

La cosa successiva che fa l'uomo invincibile è emanare bene le qualità maschili. Una volta che abbiamo difeso la nostra identità più profonda con la seduzione oscura, abbiamo protetto il nostro potere manifesto e cosciente e il nostro concetto di sé come uomo invincibile. Ora mostriamo la parte che emerge dalla seduzione oscura, la parte più dolce che si manifesta in primo luogo è un corpo e una mente molto maschili, quindi l'emanazione che esce dall'uomo invincibile è la sesta rivelazione che dice.

"Io sono maschile.

In questo modo attirate le ragazze e piacete loro senza bisogno di metodi di seduzione. Hai un'essenza seducente che emana dal profondo. Sei felice perché sei il potere del cazzo che si manifesta in un uomo invincibile, usi la seduzione oscura così ti proteggi da tutti gli attacchi, hai la mascolinità.

Ora provate gioia, fascino e carisma, essendo consapevoli di tutto il vostro potere, quindi ciò che l'uomo invincibile dice ora saranno due affermazioni in cui una è conseguenza dell'altra.

"Io sono l'affascinante furfante". E quindi

"Sono allegra e divertente.

Per essere l'allegra e divertente canaglia affascinante, basta seguire i metodi razionali che ho inventato come risultato del mio lavoro sul campo e dell'attenta osservazione. Questi metodi sono creati razionalmente, ma hanno una profonda base emotiva e mistica, perché emanano dalla gioia di sapere che il potere del cazzo e tu sei uno, ed è per questo che è così facile sviluppare ciò che la gente finalmente vede: il metodo jd e il metodo el edp.

Con il metodo jd sarete divertenti, disinibiti, spensierati, a vostro agio, complici e sfacciati se necessario.

Con il metodo edp sarete la stella lontana e pericolosa che compie queste azioni

Divertente, disinibito, spensierato, a suo agio, protagonista, di buon cuore.

Come risultato di questo lungo processo di meditazione, consapevolezza e sperimentazione, accadrà che ciò su cui vi state concentrando, le ragazze, si materializzerà.

Appariranno ragazze a cui piacerete e che saranno facilmente sedotte da voi. Queste saranno le materializzazioni che creerete con questo processo.

Ora viene l'aspetto più banale, ovvero che nulla si concretizzerà con il solo pensiero. Questo aiuterà molto, ma non sarà sufficiente, dovrete **esercitarvi sul campo,** in modo che tutto questo lavoro mentale possa davvero manifestarsi. Più lavoro mentale avrete fatto, più sarà facile materializzare il vostro fottuto potere e trasformarlo in vittorie, e meno soffrirete. Tuttavia, nonostante tutto il lavoro mentale, dovrete affrontare un lungo e duro processo di apprendimento sul campo di gioco. Quanto più potere si sente, tanto più rapidamente ciò che si vede nella mente si materializzerà nelle interazioni fisiche. Questa sarà la parte che richiederà più tempo, quella della realizzazione delle interazioni nel mondo reale.

Quanto più impegno ci metterete, tanto prima ci riuscirete, quanto più fottuto potere sentirete come risultato di tutto questo processo mentale e spirituale, che possiamo anche chiamare gioco interiore, tanto più facilmente tutto si materializzerà, avete bisogno di entrambe le parti.

Il gioco interiore, la visualizzazione, non è altro che stabilire una connessione tra il vostro sé fisico e l'oceano del potere del cazzo. Questo produrrà una sorta di doppio imbuto che collega le due realtà, attraverso il quale il potere del cazzo fluisce nel mondo materiale.

Questo fucking power, dopo questo lavoro interiore o gioco interiore, produrrà queste materializzazioni che chiamiamo le ragazze che rimorchiamo. Per sviluppare pienamente il vostro potere del cazzo dovete meditare e visualizzare voi stessi nel vostro ruolo di successo con lo schermo mentale. Ecco perché la visualizzazione è così importante, ecco perché la visualizzazione sembra una magia, perché si fanno davvero cose magiche.

E questa, amici miei, è la spiegazione di tutto, dal più mistico al più materiale.

Qualsiasi cosa desideriamo manifestare deve essere fatta come in questo processo, sentendo il fottuto potere e incanalandolo in ciò che desideriamo. Grazie per aver ascoltato queste parole mistiche.

Ora parlerò solo dell'uomo invincibile e della seduzione.

Exterior
Soy alegre y divertido
Soy el sinvergüenza encantador
Soy masculino
No las Valoro
Me hago respetar
Soy el mejor seductor
Soy el hombre invencible
Yo y el Fucking power somos uno
Meditación y concienciación
Esencia
JD y EDP
Dark seducción
El hombre invencible
Fucking power materializado y consciente
Conexión
Exterior
Soy alegre y divertido
Soy el sinvergüenza encantador
Soy masculino
No las Valoro
Me hago respetar
Soy el mejor seductor
Soy el hombre invencible
Yo y el Fucking power somos uno
Meditación y concienciación
Fucking power infinito

Meditazione per sentire il potere del cazzo.

So che ho detto prima che non avrei più parlato di cose mistiche, ma ho dimenticato la meditazione per connettermi con il fottuto potere, quindi mi scuso e vi dico questo, promettendovi che questo sarà l'ultimo argomento mistico di cui parlerò.

Per sentire bene il potere del cazzo dobbiamo metterci in uno stato di profondo rilassamento. Questo si può ottenere mettendo una musica ritmata e rilassante, respirando molto profondamente e lentamente, con gli occhi chiusi, seduti in una posizione rilassata. Poi, quando saremo molto rilassati, visualizzeremo una luce bianca che esce dal nostro petto. Questa luce è il nostro fottuto potere che ci circonda e ci dà forza.

Resteremo così per mezz'ora al massimo, respirando, ascoltando musica rilassante e vedendo questa luce bianca che ci avvolge. Questo crea la connessione con il serbatoio infinito del potere del cazzo. Il doppio imbuto si allargherà e più potere del cazzo entrerà in noi. Con questa connessione più forte al nostro fottuto potere saremo in grado di materializzare molto più facilmente ciò che vogliamo, perché ne avremo molto di più.

Non arrendetevi mai.

Un uomo invincibile non si arrende mai. Un uomo invincibile è come gli spartani, non ha scampo, non si arrende. Quando si pone un obiettivo, lo persegue con tutto se stesso. Vale a dire con tutta la sua fottuta forza. Si concentra su quell'obiettivo e non si ferma finché non lo raggiunge, non importa se deve passare 50 anni a sacrificarsi e a rinunciare a molte cose nella sua vita, l'uomo invincibile non si arrende mai e continua a combattere fino all'ultimo respiro.

Un'altra caratteristica dell'uomo invincibile è che non si lamenta mai, l'uomo invincibile sa che tutto ricade su di lui. Viene mandato in guerra e non si lamenta, viene accusato ingiustamente di una qualsiasi porcheria e non si lamenta, perché lamentarsi è da deboli. L'uomo invincibile si assume le sue responsabilità, quel fardello è il suo fardello, giusto o ingiusto che sia. Più tardi combatterà quell'accusa o quell'azione che lo discrimina, ma all'inizio la sopporta senza lamentarsi.

Per quanto le cose siano difficili, per quanto gli accada, l'uomo invincibile non si lamenta mai di nulla, è sempre felice, agisce sempre per far sì che la giustizia venga ristabilita; perché l'uomo invincibile è un uomo giusto che cerca il bene.

Chi fa del male a chi fa del male in realtà sta facendo del bene, quindi, come ho detto in Seduzione oscura, facendo del male si fa anche del bene. Anche un bene molto grande, l'equilibrio è ristabilito.

L'uomo invincibile ha i suoi criteri e premia e punisce di conseguenza.

L'uomo invincibile è come gli spartani, non si ritira, non si arrende, non si sottrae alle responsabilità, l'uomo invincibile combatte e muore se necessario, senza lamentarsi, assumendo la sua condizione di uomo, e ancor più di uomo invincibile.

Da uomo coraggioso qual è, si mette in cammino come Don Chisciotte per riparare ai torti subiti, ma non è pazzo, i pazzi sono tutti gli altri che cercano di eliminare l'uomo invincibile.

L'uomo invincibile è il soldato che è morto in guerra, lo scopritore che ha scoperto ed esplorato i continenti, il costruttore che ha eretto le piramidi, l'inventore che ha inventato una macchina, il governatore che ha amministrato la sua provincia, l'indigeno che ha difeso il suo territorio, il seduttore che ha sedotto le donne.

L'uomo invincibile e l'amore.

L'uomo invincibile crede nell'amore, ma un amore buono, non un amore corrotto dal bisogno e dalla debolezza. L'uomo invincibile può avere centinaia di amori perché nessuno di essi gli causerà molto danno, è forte. Per questo il seduttore è un uomo invincibile, un uomo che, per quante relazioni abbia, non si danneggia mai eccessivamente, e se si danneggia si riprende facilmente, perché è forte, perché sa chi è, è un uomo invincibile.

Alla fine l'amore cresce se si ha **presenza**, cioè se si percepisce improvvisamente il momento presente come se il tempo si fermasse, bisogna anche essere **consapevoli** di ciò che si sta vivendo. A volte, senza rendersene conto, si gode dell'amore involontariamente e per caso, e anche questo è bello.

Sapete che potrebbe finire da un momento all'altro e siete preparati. Sono momenti, sensazioni che vanno e vengono. Un fumo che a volte diventa liquido e rimane un po' più a lungo. Sono anche cose belle che si portano con sé da questa vita: i piaceri provati, le sensazioni vissute, le illusioni.

L'amore è al 90% illusione e al 10% reale. È l'illusione a doverlo sentire. Se siete un po' insensibili, potete sentirlo anche voi. Sapete che il dolore può arrivare e molto probabilmente arriverà, ma a volte vi godete anche questi momenti. Dopo che questo amore sarà passato, se passerà, cosa che accade nella stragrande maggioranza dei casi, sarete danneggiati dall'averlo provato, in questa occasione perderete malamente in questo gioco.

L'uomo invincibile e la morte.

Un giorno, all'improvviso, qualcuno se ne va inaspettatamente e non si ha nemmeno il tempo di prepararsi o di salutarlo. Questo vi lascia tristi e addolorati, perché vi rendete conto che la vita passa così velocemente che non ve ne accorgete nemmeno. Per questo bisogna sfruttare al massimo ogni momento, perché non sappiamo quando ce ne andremo. La vita di nessuno è garantita per sempre, tutti moriremo, anche l'uomo invincibile morirà.

A volte non si incontra la morte, ma un grave incidente. Questo incidente potrebbe essere avvenuto con una moto, o con un'auto, una caduta, qualcosa di fortuito. Potrebbe anche non trattarsi di un incidente, ma di una battuta d'arresto finanziaria o emotiva, un colpo alla vostra vita che non vi aspettavate. Forse ve lo meritate perché avete rischiato troppo, non importa, non ce ne pentiamo mai. Chiamiamolo incidente.

Il fatto è che prima o poi questo incidente può accadere e anche voi dovete essere preparati. L'uomo invincibile lascia le sue cose ben organizzate e chi viene dopo di lui può continuare la sua eredità.

Se l'incidente non è troppo grave, l'uomo invincibile ne approfitta. In questo modo può entrare in empatia con le infermiere dell'ospedale, ad esempio, e ogni momento è buono per stabilire relazioni con belle ragazze. Anche se soffre, l'uomo invincibile mantiene intatta la sua attrattiva.

Ricordo che a 18 anni sono stata operata di appendicite, ero molto magra e non riuscivo a camminare se non aggrappandomi ai muri, perché l'intervento mi faceva male. Alcune ragazze vennero a trovarmi e rimasero impressionate da quella sensazione di vulnerabilità, vedendomi indebolita doveva essersi risvegliato l'istinto materno di proteggermi. Tutte dicevano che ero più attraente che mai. In ospedale, dopo un'operazione di convalescenza, anche tu sei attraente e sei un uomo ancora più invincibile.

Se un uomo invincibile alla fine muore, quella persona è persa, e questo è un male, ma ancora peggio è il fatto che la sua conoscenza è persa. L'uomo invincibile ha un patrimonio di saggezza e, se non lo mette per iscritto, tutte quelle esperienze sono perse e nessuno può accedervi.

Ecco perché gli uomini invincibili sono prudenti in questo caso e lasciano tutto scritto, lasciano i loro ricordi, la loro esperienza di vita, e grazie a questo non muoiono mai, sono ricordati e ammirati molto tempo dopo la loro morte; a volte dopo secoli, a volte dopo millenni.

L'uomo invincibile rimane nella testa di coloro che lo hanno conosciuto, nei loro ricordi, nei loro libri, nei loro video. Il giorno in cui l'uomo invincibile muore è il giorno in cui il mito nasce e diventa immortale.

Trascendere la seduzione.

L'uomo invincibile padroneggia completamente la seduzione, e questo è già così facile che cerca nuove cose in cui eccellere, in modo da diventare ricco, essere famoso, o compiere azioni audaci e varie avventure. L'uomo invincibile ha un'infinita fiducia in se stesso e nulla gliela può togliere. Né la malattia, né il dolore, né i problemi che possono sorgere gli tolgono la fiducia in se stesso. L'uomo invincibile fa quello che vuole, non deve rendere conto a nessuno, si diverte come tutti gli altri e rispetta le proprie regole, non quelle degli altri, governa il suo mondo. E poiché vive in questo modo: allegro e spensierato, questo aumenta il suo carisma, perché le ragazze lo vedono in modo diverso da tutti gli altri, non si preoccupa di piacere, o di essere bello, o di altro, si occupa solo di ciò che sente.

L'uomo invincibile non applica più la seduzione oscura, perché quella è per le persone che vengono colpite da ciò che fanno. L'uomo invincibile va per la sua strada perché non gli fanno alcun male. L'uomo invincibile non soffre e non si arrabbia. Sa come sono e lo accetta. L'uomo invincibile è sempre felice, non si lamenta mai. Accetterà qualsiasi cosa gli capiti a tiro, vivrà la sua vita esattamente come vuole, non sarà attaccato a lavori, persone o altro.

Gli piace suonare l'organo, fare un viaggio o flirtare con una donna attraente, o magari con una bella ragazza. L'uomo invincibile governa la sua vita e la vive come vuole.

Il male.

Oggi chi è al potere è abusivo e profondamente cattivo, fa il buono e chiama noi, gli uomini invincibili, quelli che combattono l'ingiustizia, i cattivi. Quindi, traducendo, noi, i cattivi, siamo i buoni e loro, i buoni, sono i cattivi.

Siamo governati dalla nostra coscienza che ci dice cosa è bene o male, non da ciò che ci viene detto dall'alto. Oggi i cattivi sono i buoni e i buoni sono i cattivi, quindi facciamo la nostra cattiva azione del giorno, che in realtà è un'azione meravigliosa, perché combatte l'ingiustizia dei cosiddetti buoni.

Mi è capitato in numerose occasioni di fare qualcosa di apparentemente cattivo, ma che in realtà è buono, perché si fa una cosa cattiva a chi è veramente cattivo, quindi questa azione è una cosa buona per l'insieme.

Ogni volta che ho fatto qualcosa del genere, sono stato super ricompensato, le mie vendite sono aumentate, i miei successi sono aumentati. Non dobbiamo avere paura di definirci i cattivi, perché noi siamo i cattivi, ci chiamano cattivi, ma in realtà siamo buoni e combattiamo il male di coloro che si definiscono buoni.

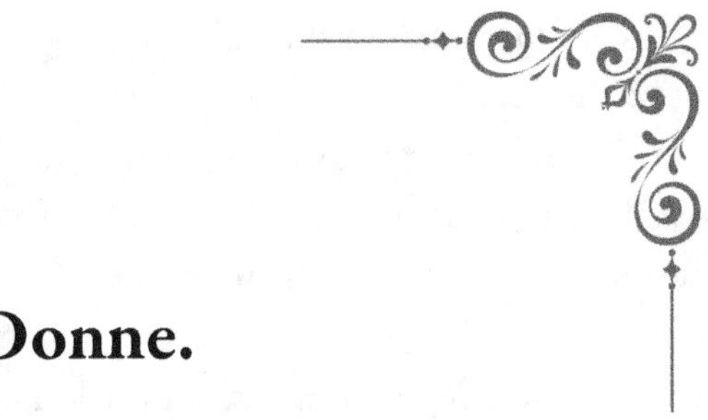

Donne.

Una donna con cui hai sbagliato, una donna che è persa per sempre, una donna che non puoi riavere indietro nemmeno se cambi il tuo comportamento. In alcuni casi è possibile riconquistarla, ma è estremamente difficile. Se la donna ha visto una debolezza, ha espresso il suo giudizio in un microsecondo e vi ha scartato. Se siete stati morbidi, bisognosi, sensibili, eccessivamente affettuosi, questo non le sarà piaciuto e ora sarà estremamente difficile sedurla o riconquistarla.

Quello che dobbiamo fare è attenerci a ciò che dice, non ci vuole come amanti, non vuole che abbiamo qualcosa di amoroso con lei, bene! Accettiamo che sia l'amica.

Ora la mortificheremo costantemente con i nostri altri flirt, probabilmente con le sue amiche, probabilmente con le ragazze che conosce. Entriamo nella zona amicizia ma non ci concentriamo su di lei, ma la teniamo lì come amica, e ci dedichiamo a tutti tranne che a lei. In questo modo saremo nella zona amicizia ma in alto, genereremo la massima attrazione verso di lei, perché sono sempre invidiosi degli altri, vogliono sempre quello che vogliono tutti.

L'aveva e l'ha persa, ora la paga cara, ora le diamo la sua medicina, quella che ci ha dato prima, ma applicandola noi stessi. Ora è nostra amica e non le daremo mai la possibilità, questa è una punizione, di fare quello che voleva.

Impietosa, mai più ammorbidita, mai più sedotta in vita, rimane lì per sempre mortificata, brucia all'inferno.

Ci dedichiamo a tutti gli altri, che diventano sempre migliori di chi ci ha disprezzato.

Quando non pensiamo a loro, non le valorizziamo e non vogliamo sedurle, quando le guardiamo dall'alto in basso, ecco che diventiamo uomini invincibili, uomini che a volte sono generosi e concedono, ma che in realtà non meritano. Non ci curiamo di loro, non ci preoccupiamo di loro, non le valorizziamo, non le ammiriamo, non vediamo il lato sessuale di loro, vediamo solo sciocchezze e presunzione, vediamo solo i loro problemi. Noi siamo al di sopra di tutto questo e mostriamo un interesse neutrale solo per quelli che consideriamo più gentili e divertenti. Non andiamo mai dietro a nessuno di loro, se li prendiamo, bene, e se non li prendiamo, ce ne sono altri, non diamo mai loro la soddisfazione di rifiutarci. Quando si ritira il pezzo è perché è stato consegnato completamente. A volte, se diamo loro la soddisfazione di rifiutare, succede raramente e non ce ne frega un cazzo di quello che fanno o dicono.

In realtà è tutto un gioco, ci divertiamo e facciamo tante e tante conquiste perché non diamo loro troppa importanza. Diamo importanza a noi stessi e al nostro mondo di divertimento.

L'uomo invincibile che è in voi conquista ovunque vada senza preoccuparsi troppo. Per voi è qualcosa di normale, un favore che fate loro, perché siete gentili e volete che stiano bene. E se per stare bene devi dormire con loro, allora ti sacrifichi. Poverini.

Frasi da uomo invincibile.

L'indifferenza punisce più della vendetta.

Spesso essere duri significa essere morbidi.

Quando affronti una ragazza è quando lei inizia a stimarti.

Gli uomini invincibili non raccontano quello che stanno facendo, ma quello che hanno già fatto.

La ragazza che pensi sia brava è quella che ti colpirà di più.

Qualsiasi cosa accada a un uomo invincibile è proprio ciò di cui ha bisogno.

Gli uomini invincibili non possono essere sconfitti nemmeno uccidendoli, perché il loro spirito libero rimarrà sempre.

L'uomo invincibile è spesso una leggenda, e questa leggenda nasce proprio perché si preoccupa solo di divertirsi.

Non cercate mai di ragionare con una donna.

Da loro non ci si può aspettare altro che: tradimento, bugie e false promesse.

Bisogna vivere giorno per giorno come Rambo, adattandosi ogni giorno all'ambiente che cambia.

L'amore non esiste, l'amore è scomparso nell'infanzia quando abbiamo smesso di essere bambini e nostra madre ha smesso di prestarci tanta attenzione.

È più importante godere che aggiungere.

Per aggiungere molto, bisogna essere calmi e felici.

L'uomo invincibile non si cura di ciò che gli fanno, è come se non fosse lui stesso.

È molto più utile dire loro di no che di sì.

La richiesta di sé è un bene per la crescita, ma un'eccessiva richiesta è una debolezza, perché ci si preoccupa troppo di essa e quindi le si dà potere su di noi.

Tutto ciò che vi preoccupa ha potere su di voi.

Colui che non si preoccupa di nulla, è al di sopra di tutto, nulla può toccarlo.

Non preoccupatevi di mostrare chi siete, lei lo sa meglio di voi.

Il cattivo non va in giro a vantarsi di essere il cattivo, sa quello che fa.

I cattivi sono i buoni, i buoni sono i cattivi.

In realtà oggi i cattivi sono davvero i buoni. Quelli che si definiscono buoni sono i cattivi.

Ogni giorno potete reinventarvi ed essere una nuova persona, migliore di quella precedente.

A volte il vecchio sé ha bisogno di essere distrutto, a volte di essere riformato, ma ha sempre bisogno almeno di un piccolo cambiamento.

Ci chiamano cattivi, pensiamo di essere cattivi, ma siamo i buoni.

Nel gioco dell'amore noi uomini siamo stati i perdenti fin dall'inizio dei tempi.

In amore non si può vincere, al massimo si può pareggiare.

Il potere del cazzo crea uno strato di protezione su di noi e noi usciamo indenni dai grandi problemi.

Comportatevi come se non aveste paura di nulla.

Comportatevi come se sapeste di non poter fallire.

Oggi è il vostro giorno migliore.

Il potere del cazzo ti guida.

Dieci consigli per governare la vostra vita.

1 Non cercate l'approvazione degli altri.

2 Lavorare su se stessi fisicamente e mentalmente.

3 Non giustificate quello che fate.

4 Esigete l'eccellenza in ciò che fate.

5 Non andare a caccia di donne.

6 Creare una propria fonte di reddito.

7 Lavorare per realizzare i propri sogni.

8 Stabilire obiettivi elevati.

9 Non accettate aziende che vi distraggono dalla vostra missione.

10 Premiatevi per i vostri trionfi.

La brutalità degli uomini.

Noi uomini siamo stati accoltellati, pugnalati, sciabolati, gettati in fondo al mare, fucilati, ci hanno tagliato la testa, fulminati, fucilati, fatti saltare in aria, crocifissi e un'infinità di altre barbarie; e questo non è stato fatto dalle donne, è stato fatto da noi stessi.

Noi uomini siamo i nemici degli uomini stessi perché siamo così selvaggi, eppure siamo qui!

La vita dell'uomo è molto dura, l'uomo è quello che ha dovuto portare a casa i soldi, quello che ha dovuto emigrare e lasciare tutto per mantenere la famiglia, quello che è andato al mare a pescare, nella foresta a cacciare, quello che ha affrontato le bestie.

Siamo selvaggi! Ed è così che dovrebbe essere, non dovete reprimere la vostra mascolinità. Siamo sopravvissuti a tutto, soprattutto a noi stessi, che è stata la cosa più pericolosa per noi, ed eccoci qui, in un altro millennio a inventare modi per andare su Marte e a far progredire la scienza.

È pericoloso essere un uomo, ma si dovrebbe essere orgogliosi di esserlo.

Dolore.

L'uomo invincibile tollera il dolore, e non solo lo tollera, ma addirittura lo gradisce. Quando un uomo invincibile soffre, sa di essere sulla strada giusta. Non si ottiene nulla di valido senza grandi sofferenze. Tranne che con le donne, con le quali non dobbiamo fare sforzi e vengono praticamente da noi, in tutto il resto dobbiamo soffrire e passare attraverso il dolore per ottenere ciò che vogliamo.

Spesso poco prima del successo arriva il momento peggiore. Un momento terribile in cui sembra che non sarà possibile raggiungere il nostro obiettivo. Un momento in cui gli uomini normali si arrendono, questo è il momento che noi uomini invincibili aspettiamo con ansia, perché sappiamo che il successo seguirà.

Quando tutto va storto, quando lo sforzo di tanti anni va in fumo, quando tutto il lavoro fatto sembra non essere servito a nulla, è allora che arriva il vero successo. Quando attraversiamo questo tunnel, sappiamo che l'uscita è imminente e che ci attende una luce accecante.

È molto difficile fare sacrifici, sforzarsi, lavorare dall'alba al tramonto su qualcosa, metterci tutto l'impegno possibile, e vedere che non solo non ci si avvicina alla meta, ma ci si allontana sempre di più da essa. Ma questo è ciò che di solito accade poco prima del trionfo. Proprio come il mare si ritira quando arriva l'onda anomala, tutto ciò che abbiamo ottenuto ci viene ingiustamente tolto e soffriamo molto. Poi tutto ciò che ci viene tolto ci viene restituito centuplicato, quindi siate contenti di soffrire, e ancor più contenti di non ottenere ciò che vorreste ottenere, che sta arrivando. Siate contenti quando i vostri sforzi non solo non vengono premiati, ma vengono puniti: è il momento in cui inizia la vittoria. Il lavoro ben fatto viene sempre premiato. A mezzanotte inizia il nuovo giorno.

Sesso, sesso, sesso e non dimenticate la violenza.

Come diceva il maestro Marilyn Manson nella sua canzone "This is the new shit" tradotto, "Questa è la nuova merda" sesso, sesso, sesso e non dimenticate la violenza. Che c'è? Naturalmente noi uomini invincibili amiamo il sesso e lo pratichiamo il più possibile con quante più donne possiamo. Sì, a volte ne siamo anche un po' ossessionati e vogliamo provare nuove posizioni, nuove attività o semplicemente goderci le perversioni che ci vengono in mente. E allora? Certo che sì, grazie a tutte queste perversioni la specie si riproduce, si formano coppie, si incontrano persone e la vita va avanti. Perché sì, scopare fa bene alla socializzazione. Il più delle volte le donne che si scopano non valgono molto come persone, ma a volte sono simpatiche e, a parte il piacere del sesso, la cultura aumenta, perché si imparano cose da loro. C'è sempre qualcuno che sa come preparare un cibo speciale, o che conosce un posto, o che ha un hobby interessante che poi incorporerete nella vostra vita. Diventando un grande donnaiolo si acquisisce una grande cultura e si imparano molte cose. Non dobbiamo vergognarci di amare il sesso, al contrario, dobbiamo esserne orgogliosi.

Per quanto riguarda la violenza, che dire: fantastica anche questa! Noi uomini siamo pieni di testosterone fino alle sopracciglia e non possiamo starcene seduti a fare una vita sedentaria da casa al lavoro e dal lavoro a casa, dobbiamo fare attività fisiche intense in cui sviluppare la nostra: forza, competitività e, se necessario, anche violenza.

Non dimentichiamo la violenza, che ci rende mascolini, ci facciamo rispettare con la forza e soprattutto ci rispettiamo facendoci rispettare. Una violenza intesa in generale come atteggiamento di sfida o combattivo, non c'è bisogno di andare in giro a picchiarsi, ma se fosse necessario difendersi, si farebbe anche quello.

Non dimentichiamo la violenza, che ci ha portato a sconfiggere l'orso delle caverne, a uccidere il mammut, in breve, a sopravvivere ai tempi delle caverne. Intelligenza, astuzia, forza e violenza hanno creato questo mondo.

Un uomo invincibile di solito è pacifico, ma a volte deve sopportare situazioni di abuso, che richiedono la sua dose di violenza. Allora tirate fuori l'uomo delle caverne che è in voi, l'atleta, e dategli qualche lezione.

Esistono due tipi di lezioni:

- Volare
- Indovinato.

La lezione di volo consiste nel colpire dal basso verso l'alto e poi vola via e, come ho detto, lo si mette a volare come in "IT".

L'altra variante è la lezione di immersione: dall'alto ci si appende e lo si colpisce verso il basso, abbassando la sua altezza fino a raggiungere il suolo, dove rimane bloccato e tranquillo.

Entrambe le scelte sono valide, quelle volanti consentono un maggiore spettacolo, ma sono più difficili per lui perché richiedono diversi colpi per avvitarlo a terra.

Sì, a volte è più soddisfacente mettere in fuga uno stronzo che farsi una bella ragazza.

Sì, come ha detto l'illegale: sono un punk, sono un tipo pacchiano e vado anche a tutto gas sulla strada.

Livelli di morbidezza.

Innanzitutto, c'è l'uomo **morbido** che trova difficile dire di no, anche se a volte riesce a dire di no. È abbastanza disponibile nei confronti delle donne e dei loro capricci. È abbastanza disponibile nei confronti delle donne e dei loro capricci, ma paga a caro prezzo per questo, ma meno dei seguenti.

C'è poi l'**uomo bisognoso** che combina la sua morbidezza con un reale bisogno di vedere qualcuno, di stare con qualcuno; questo è un grado più alto nella scala della morbidezza, perché quest'uomo non solo dà la preferenza a loro rispetto a se stesso e si lascia manipolare, ma ha **davvero bisogno di** vederli, di stare con loro, quindi è particolarmente servizievole e disponibile. Questa disponibilità sarà severamente punita ed egli otterrà il contrario dei suoi desideri, sarà ripudiato e le donne non vorranno più vederlo.

Al livello successivo di morbidezza c'è **la dipendenza affettiva**, che è il grado più alto di morbidezza non criminale. Il dipendente affettivo non è solo morbido e bisognoso, ma dipende letteralmente da quella ragazza per la felicità. Le dà tutto il potere e se lei non gli dà le attenzioni di cui ha bisogno, che sono molte, si sente male, triste e malinconico. Il dipendente emotivo è un potenziale stalker e orbita sempre intorno a lei, offrendosi costantemente a lei, adulandola e mostrando continuamente la sua leggera attrattiva.

Il livello successivo è quello dello stalker, che è un dipendente emotivo che non accetta un no come risposta. La sua vita consiste nell'insistere per incontrare la persona che gli ha detto di no. Questo è già un livello massimo di morbidezza e suscettibile di essere un crimine, o il crimine stesso, la sua eccessiva morbidezza e dipendenza.

Ed è così che, essendo eccessivamente buoni e morbidi, si può finire per diventare criminali.

L'uomo invincibile si trova all'estremità opposta di questa scala ed è di una durezza marmorea, perché non ha bisogno di vedere nessuno, di stare con nessuno, di parlare con nessuno, o di niente.

Soggetti che dovrebbero essere seducenti ma non lo sono.

In primo luogo c'è il **Gigolò**, che è un uomo fisicamente in forma che va in giro con donne, di solito vecchie, grasse o brutte, e le fa pagare per i suoi servizi sessuali. A quest'uomo piacciono le donne, ma non è un vero seduttore perché ha bisogno delle donne **per** vivere. In realtà, è un tenerone di secondo grado, è un bisognoso. Se le donne sparissero dalla sua vita, non sarebbe in grado di sopravvivere, perché non ha mezzi di sostentamento propri oltre alle donne.

Quest'uomo seduce le donne ignare fingendo di essere qualcosa che non è, spesso fingendosi ricco o importante, per poi raccontare loro le sue bugie, il suo fallimento negli affari, in modo che siano loro, che pensavano di fare una fortuna sposandolo, a doverlo mantenere a tempo indeterminato. In realtà è un uomo pigro che non ha voglia di lavorare e che ha anche bisogno di donne, in questo caso non va in giro ad offrirsi a tutte le donne, ma si concentra su una e vive di lei. È un altro caso di bisognoso perché senza di loro non avrebbe alcuna fonte di sostentamento. Un parassita.

Chi sono questi personaggi? Beh, sono personaggi striscianti che usano la debolezza umana per sopravvivere, non sono uomini invincibili, naturalmente, e nemmeno uomini decenti, un seduttore non ha bisogno di donne nemmeno per divertirsi, tanto meno per vivere.

Non si può nemmeno essere picchiati a morte.

Una volta accadde che un guerriero uccise un altro guerriero, gli tagliò la testa e la portò per i capelli, mostrandola ai suoi nemici terrorizzati. Il guerriero non sapeva che colui al quale aveva tagliato la testa era un **uomo invincibile**.

Le teste mozzate a volte hanno qualche secondo di coscienza e possono muovere la bocca o gli occhi o fare smorfie.

Questo nemico con la testa mozzata già morto in pochi istanti, ma ancora vivo, ebbe un barlume di coscienza. Sapeva di essere una fottuta testa mozzata e poteva vedere o sentire il suo nemico accanto a lui e quello che fece fu di morderlo con tutta la sua forza su una gamba. Sì, la testa di un morto appena mozzata mordeva il nemico vittorioso.

E sapete cosa accadde? La ferita si infettò e, come accadeva in tempi molto antichi nel Medioevo, causò un'infezione generale che finì per ucciderlo.

Prima di morire, il guerriero che aveva tagliato la testa disse: "Sconfitto da un uomo morto!".

Così è, amico mio, anche dopo la morte si può vincere; a volte il trionfo arriva quando sono passati secoli dalla tua morte e ti viene dato il riconoscimento che non ti è stato dato in vita. A volte accadono queste cose strane, come accadde al guerriero che fu morso da una testa.

Se avete sconfitto il vostro nemico, dovete finirlo in modo che non si ripresenti, o potrebbe succedere a voi come a questo guerriero.

All'uomo veramente invincibile basta un solo secondo per vincere.

Così è nel bacio, così è nella vita.
Un secondo di precisione e si rivendica una nuova vittoria.

L'uomo invincibile è dipendente dalla vittoria.

Ciò che piace di più all'uomo invincibile è vincere, riuscire in ciò che si prefigge, sconfiggere i suoi nemici, rialzarsi, vincere, essere il vincitore.

Pertanto, ha una forte competitività, un istinto predatorio, una fiducia assoluta nelle proprie capacità, una capacità di sacrificio, una fede nel potere del cazzo e la certezza di ottenere ciò che si prefigge.

L'uomo invincibile non esita, lo fa!

L'uomo invincibile raggiunge i suoi obiettivi.

L'uomo invincibile valuta bene la situazione e fa tutto il necessario per avere successo.

Costruire l'uomo invincibile.

L'uomo invincibile si costruisce con la mente. La realtà è una matrice in cui si vive nella propria realtà. Questa realtà è costruita da voi stessi e vi influenza e condiziona tutta la vostra vita. Ottenete ciò che pensate di meritare, vi sottomettete alle leggi che create per voi stessi. Voi non esistete veramente e questa non è la realtà. Ecco perché non ci sono limiti. Leggete Jacobo Grinberg e la sua "Teoria sinergica".

Voi e il fottuto potere siete un tutt'uno, distorcete la realtà a vostro favore, perché la realtà che vedete non è altro che una convezione che accettate, è ciò che proiettate con la vostra mente. Se pensate in modo diverso, proietterete una realtà diversa. Il fottuto Potere è in voi e in tutte le cose, dovete attivarlo credendo in esso, credendo di averlo, di essere un tutt'uno con il fottuto potere. Meditate, lasciate che la mente si svuoti. Guardate la luce bianca.

Allora i miracoli accadranno, tutto sarà possibile. Ecco perché dovete rendervi conto di essere un uomo invincibile.

L'uomo invincibile affronta qualsiasi sfida. L'uomo invincibile non si arrende mai. Anzi, quanto più difficile è la sfida, tanto più motivato sarà a superarla. L'uomo invincibile vuole sfide difficili, sfide che gli richiedono di migliorarsi. Fare cose normali e facili non è motivante.

Dove gli altri hanno paura e non provano, l'uomo invincibile osa.

L'uomo invincibile corre dei rischi.

L'uomo invincibile attraversa la vita allegro e spensierato, come se non morisse mai, o non gliene importa nulla.

L'uomo invincibile non vuole mai fare nulla, fa sempre quello che trova interessante, anche se è rischioso e difficile.

L'uomo invincibile affronta le sue paure, è giusto e buono, distribuisce gioia, felicità e amore; perché alla fine si può ottenere l'amore. Diventando una persona che mette da parte l'edonismo, che mette da parte il godimento, allora si può diventare qualcuno che ottiene l'amore, perché l'uomo invincibile ottiene anche questo se lo vuole.

Niente e nessuno può fermare la volontà di successo di un uomo invincibile.

Affermazioni di un uomo invincibile.

Per finire il libro vi metterò alcune affermazioni da ripetere nella vostra fottuta testa ogni fottuto giorno finché non le avrete incorporate e rimarranno lì dandovi il potere di diventare un uomo invincibile, un essere divino.

Se non gli piace come sono, che si fottano!

Sono ciò che voglio essere.

Mi preoccupavo di me.

Io sono il migliore.

Che si fotta il vicino.

Manderanno la loro fottuta madre.

Faccio quello che voglio.

Mi sento bene.

Mi piace essere me stesso.

Amo la vita.

Mi piace.

Qui e ora sono nel momento presente.

Mi concentro sul mio obiettivo.

Qualunque cosa dicano i Don Nadies, non mi prenderanno per il culo.

Riuscirò nel mio intento, a prescindere da chi sia.

Sì, sono un donnaiolo, che c'è di male?

Sono orgoglioso di fare quello che faccio.

Sono orgoglioso di ciò che sono.

Ammiro me stesso.

Nessuno è più importante di me a questo mondo.

Ho solo me e il mio fottuto potere.

Sono invincibile, e anche uccidendomi non mi sconfiggerete.

Anche nella sconfitta sono ancora invincibile.

Sono pronto a qualsiasi sfida.

Miglioro tutti gli aspetti della mia vita che mi stanno a cuore.

Posso realizzare assolutamente tutto ciò che mi prefiggo.

La mia fede in me stesso è assoluta.

Mi fido del mio potere del cazzo.

Mi fido del mio potere del cazzo.

Ho quello che voglio.

La mia vita è meravigliosa.

Se la mia vita non è meravigliosa, la rendo meravigliosa.

Non farò nulla per compiacere qualcuno che non mi piace.

Mi piacevo.

Ho fissato obiettivi ambiziosi.

Il mio tempo in questa vita sarà ricordato.

Che lo vogliano o no, dovranno ascoltarmi.

Sono qui per fare del bene.

A volte fare il bene significa fare il male.

Mi sento molto felice di fare tutto ciò che devo fare.

Mi piace molto tutto.

Non c'è punizione che non possa sopportare

Sono pieno e perfetto.

Trasmetto positività.

Sono positivo e attiro la positività.

Sono un fottuto potere manifesto.

Io ho il potere.

Ricordate che avete l'arma più potente dell'universo, un'arma che vi proteggerà sempre, vi guiderà nella giusta direzione e vi darà un potere infinito. Siate consapevoli che se sviluppate bene quest'arma, vincerete qualsiasi cosa vi prefiggete. Credete nel vostro fottuto potere divino infinito, che aumentate con la meditazione e la consapevolezza. Quando voi e il fottuto potere siete una cosa sola, tutto è possibile.

Shackleton.

Shackleton era un uomo invincibile che partì con altri bravi ragazzi in un'avventura per esplorare il Polo Sud. La sua nave rimase intrappolata nei ghiacci e alla fine fu talmente imprigionata da essere completamente distrutta. Lui e tutto l'equipaggio rimasero abbandonati sul ghiaccio marino e sopravvissero mangiando foche e giocando a calcio. Il morale dell'intera spedizione, nonostante tutti i contrattempi, era molto alto: sapevano di essere guidati dal leggendario Shackleton ed erano assolutamente fiduciosi di tornare a casa.

Shackleton pianificò la sua fuga dai ghiacci e insieme a pochi altri si imbarcò per Elephant Island, dove si sapeva che si trovavano le baleniere. Quest'isola si trovava alla singolare distanza di mille chilometri dalla loro posizione. Un solo grado di errore nella loro rotta li avrebbe portati fuori strada e non l'avrebbero vista. Ma non si scoraggiarono e continuarono a remare attraverso l'oceano.

C'è stata una tremenda tempesta che ha quasi affondato la loro barca. Incredibilmente riuscirono a raggiungere Elephant Island. Ma nel punto in cui arrivarono con la barca completamente distrutta e irreparabile, c'era un'enorme catena montuosa che si frapponeva tra loro e le basi baleniere. Era molto alta e impediva loro di raggiungerla, era impossibile. Ma per un uomo invincibile come Shackleton questa parola non esisteva.

Senza indugio Shackleton si mise a scalare quelle montagne. Dopo una scalata di 27 ore consecutive, raggiunsero finalmente la vetta. L'impresa di scalare queste montagne senza alcuna preparazione o mezzo è stata considerata una delle più grandi imprese nella storia dell'umanità.

Lì in cima, dopo mesi o Dio sa quanto tempo, avvistarono finalmente un piccolo villaggio. Scesero e raccontarono la loro storia. In breve tempo tutti gli uomini furono salvati da una baleniera. Grazie alla ferma determinazione dell'intrepido capitano, tornarono tutti sani e salvi alle loro case. Franco Battiato l'ha cantata in un'eccellente canzone.

L'ho visto in un documentario nell'emisferico della città delle arti e delle scienze di Valencia e sono rimasto stupito.

Sì, Shakelton era un uomo invincibile. Una delle imprese più importanti della storia dell'umanità è stata compiuta da quest'uomo, che ha dimostrato capacità di sopravvivenza e volontà di vivere al di sopra di ogni ostacolo.

Sia questo l'esempio di un uomo invincibile.

Esercitarsi per diventare
un uomo invincibile.

Per diventare un uomo invincibile, non c'è niente di meglio che valorizzare il proprio fisico e la propria mente.

Il fisico.

Si lavora sul proprio fisico facendo ogni tipo di esercizio: addominali, flessioni, corsa, aerobica, allenamento della forza, qualsiasi cosa. Lo si fa per avere un bell'aspetto. Si segue anche una dieta e non ci si ferma finché non si ha un corpo perfetto che permetta di raggiungere il massimo delle prestazioni. Non ne so molto, quindi è meglio consultare gli esperti.

La mente.

Dovete visualizzare voi stessi come l'uomo invincibile che affronta le situazioni più difficili. In quella situazione di pericolo o di paura dovete comportarvi come l'uomo invincibile che volete essere. Lo si fa con lo schermo mentale, entrando in rilassamento. Dopo aver fatto questa visualizzazione si diventa consapevoli di essere già così e di comportarsi così.

Nella vita reale, poi, si è sempre consapevoli di essere l'uomo invincibile, il vincitore, colui che non può essere sconfitto e non può essere sconfitto. Vi sentite invincibili come la Porsche 911 turbo RS che esce dalla curva, come il carro armato Kind Tiger nella Seconda Guerra Mondiale, che ha abbattuto 19 carri armati nemici da solo.

Bruce Lee nella lotta, Casanova nell'amore.

Avete armi migliori degli altri, avete qualcosa di travolgente e lo manifestate nel vostro mondo. Schiacciate tutti i problemi e le difficoltà.

Avete la massima fiducia in voi stessi. Prendiamo questo esempio. Alla fine degli anni '90 un giocatore brasiliano del Valencia CF, Viola, disse la seguente frase.

"Se controllo la palla in area, con certezza, è gol". Questa è una frase, è una certezza, la ricordo ancora e la metto qui come esempio.

Questo è il modo in cui dovreste essere, se ne avete l'opportunità, concretizzerete sicuramente il vostro trionfo.

Non basta vincere, bisogna sopraffare.

L'uomo invincibile è caratterizzato dalla consapevolezza del suo potere illimitato in ogni momento.

La vita è dura e ci sono molte difficoltà, ma se siete consapevoli di essere invincibili nei momenti di difficoltà non vi arrenderete, continuerete a combattere totalmente incuranti della vostra situazione attuale; perché sapete che alla fine vincerete, perché non vi arrenderete mai, perché siete invincibili e chi è invincibile vince.

La vita degli uomini è particolarmente dura, molto più dura di quella delle donne, e noi non ci lamentiamo di nulla, andiamo a testa alta, guardiamo avanti e affrontiamo una nuova sfida, perché siamo uomini, il meglio del creato! e niente e nessuno ci può fermare.

Sentirsi l'uomo
invincibile.

Tutti possono essere invincibili, ma solo chi sente intensamente il proprio potere può essere invincibile. In ogni tempo e luogo ci sono stati uomini invincibili che hanno fatto cose leggendarie. Ce ne sono ora e ce ne saranno in futuro.

Dovete sentirvi speciali, diversi dagli altri, chiamati a grandi cose. Sapete di avere dentro di voi un potere infinito che può trasformare e plasmare il mondo intero a vostro piacimento.

Potete superare tutte le difficoltà e raggiungere tutti i vostri obiettivi perché il fottuto potere è con voi.

Guardate, respirate e sentite il potere in voi. Siete felici perché siete invincibili, qualsiasi cosa su cui vi concentrate si manifesterà. Create la vostra vita e ve la godete.

Cammini per strada sapendo quanto ti stai divertendo, ti ricordi di quella ragazza che stai seducendo e sorridi, ti senti speciale, sai di essere un vincente, loro amano tutto quello che dici, tu ami essere te stesso e trasmetti la tua enorme sicurezza, perché sai che piaci alle ragazze e tu piaci a te stesso. Ti piace essere te stesso e ti godi enormemente la vita meravigliosa che il tuo potere di scopare ti dà.

Tu porti in te il potere di tutti gli uomini invincibili.

Sei lo spartano alle Termopili.

Shakelton che scala la montagna.

Magellano che attraversa lo Stretto della Terra del Fuoco.

Casanova alla conquista.

Vivaldi compone le quattro stagioni.
Alarico alla conquista di Roma.
A volte perdendo e molte volte vincendo, siete l'uomo invincibile.
Viva l'uomo invincibile!
Il mondo ti aspetta, uomo invincibile, vai a conquistarlo!

Giochiamo!

Did you love *l'Uomo Invincible*? Then you should read *L'arte di Piacere a se Stessi*[1] by John Danen!

[2]

Questo è un libro di auto-aiuto e un po' di seduzione, perché tutte le mie opere hanno qualcosa di questo mondo. Per questo può essere usato come libro di auto-aiuto o come libro di seduzione. Senza dubbio, ciò che vi aiuterà di più è::

Rispettare se stessi.

Proteggersi dalle persone dannose

Fate la vita come volete, senza le illazioni di persone cattive e interessate.

Ridete di voi stessi e ridete con il libro, perché ha tocchi di umorismo.

Spero che vi piaccia.

---

1. https://books2read.com/u/b5jpXw

2. https://books2read.com/u/b5jpXw

Also by John Danen

Seduction 5.0
S.A.X.
Chicas complicadas
Seducción 5.0
El libro del tonto
Macho Alpha
Macho alpha extracto
La seducción después de la pandemia
Terriblemente atractivo
Seducción 5.1
Sedução 5.1
How to be Cool and Attractive
Sedução. Avançada. X.
Garotas complicadas
¡Basta de ser buen chico! Sé un chico malo.
El método JD. El método de seducción de John Danen
El arte de agradarte a ti mismo
¡Basta ya de abusos! ¡Defiéndete!
Enought with the abuse! Defend yourself!
Máster en seducción
Las mujeres. El amor. Y el sexo.
Supera la dependencia emocional
Atrae mujeres con masculinidad
JD Absoluta seducción
El fracaso del amor

Entender a las mujeres

La vida del seductor sinvergüenza y encantador.

El arte de la dureza

Terrivelmente atraente

Deixe de ser um bom da fita! Seja um mauzão.

Superar a dependência emocional

A arte de se agradar

Pare o abuso! Defenda-se!

O fracasso do amor.

O método JD

Don´t Be a Good Boy! Be a Badass

Complicated girls

The Art of Pleasing Yourself

Duro y Sinvergüenza

Mestre en sedução

JD Method

The Failure of Love. The Trap of Serious Relationships

Master in Seduction

A. S. X. Advanced. Seduction. X

Women. Love. Sex

How to Become a Real Man. Be an Alpha Male

Attract Women with Masculinity

JD Absolut Seductión

Understanding Women

The Life of the Shameless and Charming Seducer.

The Art of Toughness

Tough and Shameless

Überwindung der Emotionalen Abhängigkeit

Maître en séduction

Schrecklich Attraktiv

Surmonter la Dépendance Émotionnelle

L'art de la dureté

Die Kunst der Zähigkeit

Hör auf, ein guter Junge zu sein, sei ein böser Junge
Assez D'être un Bon Garçon ! Sois un Mauvais Garçon.
Die Kunst, sich Selbst zu Gefallen
Dur et sans Vergogne
Hart im Nehmen und Schamlos
L'art de se Plaire à soi-Même
Das Scheitern der Liebe
L'échec de L'amour.
Meister der Verführung
Die JD-Methode
Maestro di Seduzione
Terriblement Attrayant
La Méthode JD
Capire le donne
Compreendendo as Mulheres
Comprendre les Femmes
Die Frauen Verstehen
Les Filles Compliquées
Komplizierte Mädchen
JD Séduction Absolue
La Vie du Séducteur Charmant et sans Vergogne
Les Femmes. L'amour. Et le Sexe.
Mâle Alpha
S.A.X.
V.F.X.
Donne. Amore. E il sesso.
Ragazze Complicate
Superare la Dipendenza Emotiva
Seduzione. Avanzata. X.
Dark Seducción
Il Fallimento Dell'amore.
Il Metodo JD
Alphamännchen

Atrair Mulheres com Masculinidade
Attirare le donne con la Mascolinità
Attirer les Femmes par la Masculinité
Mit Männlichkeit Frauen Anziehen
Frauen. Liebe. Und Sex.
L'arte di Piacere a se Stessi
Mulheres. Amor. E Sexo.
JD Seduzione Assoluta
JD Absolute Verführung
JD Sedução Absoluta
Das Leben des charmanten, schamlosen Verführers
Smettila di Fare il Bravo Ragazzo! Essere un Cattivo Ragazzo.
La Vita del Seduttore Affascinante e Spudorato
A Vida do Sedutor Encantador e sem Vergonha
Macho Alfa
Uomo Alfa
Séduction 5.0
Verführung 5.0
Seduzione 5.0
Duro e Senza Vergogna
Duro e Sem Vergonha
L'arte della Durezza
A Arte da Dureza
The Fool's Book
Das Buch der Dummköpfe
Il Libro dei Pazzi
O Livro do Tolo
Dark Seduction
Dunkle Verführung
Sedução Escura
Dark Seduction
Seduzione Oscura
Le livre du fou

Como materializar lo que deseas con el fxxxxx power
Como materializar o que você quer com o Fxxxxx Power
El ángel Sex-terminador
El seductor vampiro
O Vampiro Sedutor
Sex-Terminating Angel
The Vampire Seducer
How to Materialize What You Want With The Fxxxxx Power
El camino del maestro
Il vampiro seduttore
O camiño do mestre
La via del maestro
Der verführerische Vampir
Le sedusant vampire
Der Weg des Meisters
La voie du maître de la séduction
Master's Path
Come materializzare ciò che si desidera con il Fxxxxx Power
Wie Sie Ihre Wünsche verwirklichen können mit dem Fxxxxx Power
El método EDP
O método EDP
The E.D.P. Method
Comment matérialiser ce que vous désirez avec le Fxxxxx power
El hombre invencible
The EDP Method
O Homem Invencivel
l'Uomo Invincible

About the Author

Español.

Soy un hombre vividor y divertido que busca el lado bueno de las cosas siempre.

Mi experiencia es el campo de las relaciones personales y de la seducción. Por eso tras dedicarme larguísimas décadas a ello, quiero trasmitir mis conocimientos. Para que las nuevas generaciones tengan unos conceptos que les den una ventaja competitiva sostenible y poderosa en el campo del amor.

Quiero ayudarte a a conseguir tus metas.

Portugués.

Sou um homem animado, e divertido, que sempre procura o lado bom das coisas.

Minha experiência está no campo das relações pessoais e da sedução. É por isso que, após décadas de dedicação a ela, quero transmitir meus conhecimentos.

Quero ajudá-los a alcançar seus objetivos.

Inglés

I am a lively and fun man, who always looks for the good side of things.

My experience is in the field of personal relationships and seduction. That is why, after decades of dedicating myself to it, I want to pass on my knowledge. So that the new generations have concepts that give them a sustainable and powerful competitive advantage in the field of love.

I want to help you achieve your goals

Français Je suis un homme vif et drôle qui cherche toujours le bon côté des choses.

Mon expérience se situe dans le domaine des relations personnelles et de la séduction. C'est pourquoi, après m'y être consacré pendant des décennies, je veux transmettre mes connaissances. Pour que les nouvelles générations disposent de concepts qui leur donnent un avantage concurrentiel durable et puissant dans le domaine de l'amour.

Je veux vous aider à atteindre vos objectifs.